101 Bitcoin Fakten

KURIOSITÄTEN, WAHRE STORIES UND UNNÜTZES WISSEN AUS DER KRYPTO WELT

Fun facts, rekorde, irrtümer & echte geschichten aus der welt von kryptowährungen zum staunen und lachen: das ideale geschenk für bitcoin fans

Sato Yamamoto

Bibliografische Information der Deutschen Nationalbibliothek.

Die Deutsche Nationalbibliothek verzeichnet diese Publikation in der Deutschen Nationalbibliografie; detaillierte bibliografische Daten sind im Internet über http://dnb.dnb.de abrufbar.

ISBN Softcover: 978-3-69033-083-1
ISBN E-Book: 978-3-69033-084-8

Originale Erstausgabe 2025

Elysion Commerce GmbH
Sodener Weg 16
65760 Eschborn

Lektorat: Daniele Albert
Satz und Layout: Aleksandar Petrovic
Umschlaggestaltung: Aleksandar Petrovic

101 Bitcoin Fakten

KURIOSITÄTEN, WAHRE STORIES UND UNNÜTZES WISSEN AUS DER KRYPTO WELT

Fun facts, rekorde, irrtümer & echte geschichten aus der welt von kryptowährungen zum staunen und lachen: das ideale geschenk für bitcoin fans

Sato Yamamoto

AMBROSIA
— VERLAG —

Inhaltsverzeichnis

VORWORT

Willkommen in der faszinierenden, manchmal verrückten und immer überraschenden Welt von Bitcoin! Du hältst ein Buch in den Händen, das dich auf eine Reise durch 101 der interessantesten, kuriosesten und oft kaum zu glaubenden Geschichten rund um die wohl revolutionärste Erfindung des 21. Jahrhunderts mitnimmt. Bitcoin ist nicht einfach nur eine weitere digitale Währung oder ein technisches Experiment. Es ist ein Phänomen, das die Grenzen zwischen Technologie, Wirtschaft, Politik und Gesellschaft verwischt und dabei Millionen von Menschen auf der ganzen Welt fasziniert, verwirrt und inspiriert.

Bitcoin ist weit mehr als nur digitales Geld. Es ist eine technologische Revolution, ein soziales Experiment, ein Finanzinstrument, eine Philosophie und für manche sogar eine Lebenseinstellung. Seit seiner Entstehung im Jahr 2009 hat Bitcoin die Finanzwelt auf den Kopf gestellt, Millionäre und Milliardäre geschaffen, aber auch unzählige tragische Geschichten von verlorenen Vermögen hervorgebracht. Es hat Diskussionen über die Natur des Geldes, die Rolle von Banken und die Macht von Regierungen neu entfacht. Es hat gezeigt, dass es möglich ist, ein globales Zahlungssystem zu betreiben, ohne dass eine zentrale Autorität die Kontrolle hat.

Die Geschichte von Bitcoin beginnt in den Trümmern der größten Finanzkrise seit der Great Depression. Als im September 2008 Lehman Brothers zusammenbrach und das globale Finanzsystem am Rande des Abgrunds stand, verloren Millionen Menschen weltweit ihr Vertrauen in

Banken, Regierungen und das traditionelle Geldsystem. Als dann auch noch Regierungen Milliarden an Steuergeldern zur Rettung genau jener Banken einsetzten, die die Krise verursacht hatten, war die Frustration perfekt. Genau in diesem Moment, am 31. Oktober 2008, veröffentlichte eine mysteriöse Person oder Gruppe unter dem Pseudonym Satoshi Nakamoto ein neun Seiten langes Dokument: das Bitcoin Whitepaper. Es trug den nüchternen Titel ‚Bitcoin: A Peer-to-Peer Electronic Cash System', war aber weit mehr als nur ein technisches Paper. Es war ein Manifest, ein Aufschrei gegen ein System, das versagt hatte, und gleichzeitig der Entwurf für eine völlig neue Art von Geld.

Seitdem hat Bitcoin eine unglaubliche Reise hinter sich. Von den ersten zaghaften Transaktionen zwischen einer Handvoll Krypto-Enthusiasten über den legendären und heute weltberühmten Pizza-Kauf für 10.000 Bitcoin bis hin zur Anerkennung als offizielle Währung in El Salvador. Bitcoin hat extreme Höhen und Tiefen erlebt, wurde unzählige Male für tot erklärt und ist doch immer wieder auferstanden, oft stärker und widerstandsfähiger als zuvor. Es hat Skeptiker zu Befürwortern gemacht, Millionäre zu Milliardären und normale Menschen zu leidenschaftlichen Verfechtern einer neuen Finanzordnung.

In diesem Buch findest du keine trockene Wirtschaftstheorie, keine komplizierten mathematischen Formeln und keine langweiligen technischen Details. Stattdessen erwarten dich 101 Geschichten, die Bitcoin lebendig machen und zeigen, was diese Technologie so besonders macht. Du erfährst von Menschen, die versehentlich Festplatten mit Hunderten Millionen Dollar weggeworfen haben und bis heute verzweifelt versuchen, sie wiederzufinden. Von Pionieren und Visionären, die an eine verrückte Idee glaubten, als alle anderen sie für Spinner hielten. Von technischen Wunderwerken und menschlichen Tragödien. Von spektakulären Triumphen und bitteren Niederlagen. Von kühnen Visionen und harter Realität. Von Menschen, die durch Bitcoin unermesslich reich wurden, und von anderen, die alles verloren haben.

Dieses Buch ist für alle geschrieben, unabhängig vom Vorwissen: Für Bitcoin-Neulinge, die endlich verstehen wollen, was es mit dieser mysteriösen digitalen Währung auf sich hat, über die alle reden. Für erfahrene Krypto-Enthusiasten, die vielleicht die eine oder andere Geschichte noch nicht kannten oder Details entdecken möchten, die ihnen bisher entgangen sind. Für Skeptiker und Kritiker, die sich fragen, ob an diesem ganzen Bitcoin-Hype wirklich etwas dran ist oder ob es sich nur um eine riesige Spekulationsblase handelt. Und für alle, die einfach nur gute, spannende Geschichten über eine der aufregendsten technologischen Entwicklungen unserer Zeit hören wollen.

Bitcoin ist nicht perfekt, und das wird in diesem Buch auch nicht verschwiegen. Es ist extrem volatil und kann innerhalb von Stunden oder sogar Minuten dramatisch im Wert steigen oder fallen. Es ist technisch komplex und für viele Menschen schwer zu verstehen. Es verbraucht enorme Mengen an Energie, was berechtigte Umweltbedenken aufwirft. Es wurde und wird für kriminelle Aktivitäten missbraucht. Es spaltet die Gesellschaft in leidenschaftliche Befürworter und ebenso leidenschaftliche Gegner. Aber es ist auch innovativ, revolutionär und hat das Potenzial, die Art und Weise, wie wir über Geld, Wert und Finanzsysteme denken, grundlegend und dauerhaft zu verändern.

Die Frage ist nicht, ob Bitcoin perfekt ist – denn das ist es definitiv nicht. Die Frage ist vielmehr, ob Bitcoin trotz all seiner Schwächen und Probleme etwas Wertvolles zur Welt beiträgt. Ob es Menschen hilft, die vom traditionellen Finanzsystem ausgeschlossen sind. Ob es eine Alternative bietet für diejenigen, die ihren Regierungen oder Banken nicht vertrauen. Ob es Innovation vorantreibt und neue Möglichkeiten schafft. Und ob es uns zum Nachdenken anregt über grundlegende Fragen: Was ist Geld eigentlich? Wer sollte die Kontrolle darüber haben? Und wie könnte die Zukunft des Geldes aussehen?

Ob Bitcoin letztendlich die Welt erobern und zum globalen Standard werden wird, oder ob es als interessantes, aber letztlich gescheitertes Experiment in die Geschichtsbücher eingehen wird – niemand kann das mit absoluter Sicherheit vorhersagen. Selbst die klügsten Experten und erfahrensten Analysten sind sich uneinig über die Zukunft von Bitcoin. Aber die bisherige Geschichte ist bereits jetzt absolut faszinierend, voller Drama, Wendungen und Überraschungen, die man sich nicht hätte ausdenken können.

Also, mach es dir bequem, lehne dich zurück und tauche ein in die außergewöhnliche Welt von Bitcoin. Egal ob du nach dem Lesen selbst investieren willst oder einfach nur besser verstehen möchtest, was Bitcoin eigentlich ist und warum so viele Menschen davon fasziniert sind – dieses Buch wird dich unterhalten, informieren und höchstwahrscheinlich auch überraschen. Denn eines ist absolut sicher: Bitcoin ist alles andere als langweilig.

Viel Spaß beim Entdecken dieser 101 außergewöhnlichen Bitcoin-Fakten!

₿ FAKT 1.

Bitcoin wurde aus Wut geboren

Stell dir vor, du sitzt 2008 zu Hause, schaust die Nachrichten und siehst, wie eine Bank nach der anderen zusammenbricht. Lehman Brothers? Pleite. Bear Stearns? Weg. Die gesamte Finanzwelt steht am Abgrund. Und dann passiert etwas, das jeden normalen Menschen zur Weißglut bringt: Die Regierungen dieser Welt öffnen die Geldschleusen und retten genau die Institutionen, die das ganze Chaos erst verursacht haben. Mit Steuergeldern. Mit deinem Geld. Mit meinem Geld. Irgendwo auf diesem Planeten saß eine Person oder eine Gruppe von Personen und dachte sich vermutlich: Wisst ihr was? Jetzt reicht es. Wenn diese Anzugträger nicht in der Lage sind, ein funktionierendes Geldsystem zu betreiben, dann mache ich eben selbst eins. Ohne Banken. Ohne Regierungen. Ohne diese ganzen Typen, die mit unserem Geld Monopoly spielen und dann erwarten, dass wir sie rauspauken, wenn sie verlieren. Am 31. Oktober 2008, mitten im Auge des Finanzhurrikans, wurde das Bitcoin Whitepaper veröffentlicht. Halloween. Ausgerechnet. Vielleicht war das Zufall, vielleicht auch nicht. Das Dokument trug den Titel ‚Bitcoin: A Peer to Peer Electronic Cash System' und war erstaunlich kurz für etwas, das die Welt verändern sollte. Gerade mal neun Seiten. Zum Vergleich: Manche Bankverträge haben mehr Kleingedrucktes als Inhalt. Das Whitepaper beschrieb eine völlig verrückte Idee: Eine Währung ohne zentrale Kontrollinstanz. Kein CEO, kein Vorstand, keine Notenbank, die einfach mal eben ein paar Milliarden nachdrucken kann, wenn gerade Bedarf besteht. Stattdessen ein System, das auf Mathematik, Kryptographie und dem Konsens von tausenden Computern weltweit basiert. Es klang wie Science Fiction. Oder wie der Fiebertraum eines paranoiden Programmierers. Aber es war genial. Bitcoin brauchte keine Banken als Mittelsmann. Keine Regierung, die einem vorschreibt, was man mit seinem Geld machen darf. Keine Institution, die mal eben beschließen kann, dein Konto einzufrieren, weil ihnen deine Nase nicht passt. Es war die ultimative Form von finanzieller Freiheit. Oder zumindest der Versuch davon. Die Ironie der ganzen Geschichte? Was als Protest gegen das etablierte Finanzsystem begann, wurde selbst zu einem milliardenschweren Phänomen. Bitcoin, das als Gegenentwurf zu Gier und Spekulation gedacht war, wurde zum Lieblingsspielzeug von Spekulanten, Investoren und genau jenen Menschen, gegen die es ursprünglich gerichtet war. Hedgefonds kaufen Bitcoin. Banken bieten Bitcoin Produkte an. Die Wall Street handelt damit. Es ist, als hätte die Punk Rock Bewegung plötzlich Anzugträger als Hauptzielgruppe. Irgendwie absurd, aber auch sehr unterhaltsam zu beobachten.

₿ FAKT 2.

Der erste Bitcoin Block enthielt eine geheime Botschaft

Am 3. Januar 2009 passierte etwas Historisches. Nicht nur, dass der allererste Bitcoin Block geschaffen wurde, nein, der Schöpfer konnte es sich auch nicht verkneifen, eine kleine Nachricht darin zu verstecken. Wie eine digitale Flaschenpost, die für die Ewigkeit in der Blockchain einzementiert wurde. Für jeden sichtbar, der danach suchen wollte. Die Nachricht lautete: ‚The Times 03/Jan/2009 Chancellor on brink of second bailout for banks'. Das war kein zufälliger Text, keine kryptische Prophezeiung und auch kein Inside Joke. Es war wortwörtlich die Schlagzeile der britischen Zeitung ‚The Times' von genau diesem Tag. Während die Welt noch ihren Kater vom Silvesterabend auskurierte, verkündete diese Schlagzeile, dass der britische Finanzminister kurz davor stand, die Banken schon wieder retten zu müssen. Schon wieder! Das war natürlich kein Zufall. Dieser Genesis Block, wie der erste Block genannt wird, war nicht einfach nur der technische Startschuss für Bitcoin. Es war eine Kampfansage. Ein digitaler Mittelfinger an das gesamte Bankensystem. Als würde jemand sagen: Seht ihr? Genau deswegen machen wir das hier. Weil ihr es nicht hinbekommt. Weil ihr immer und immer wieder die gleichen Fehler macht und erwartet, dass der Steuerzahler euch raushaut. Die Eleganz dieser Botschaft ist brillant. Satoshi Nakamoto, wer auch immer das sein mag, hat damit einen unwiderlegbaren Zeitstempel gesetzt. Niemand kann behaupten, Bitcoin sei früher oder später entstanden. Die

Schlagzeile beweist: Dieser Block wurde am oder nach dem 3. Januar 2009 erstellt. Es ist wie ein digitaler Fingerabdruck in der Geschichte. Ein Beweis für die Nachwelt, dass Bitcoin in einer Zeit geboren wurde, in der das Vertrauen in Banken und Regierungen am absoluten Tiefpunkt war. Und das Beste daran? Diese Nachricht ist bis heute dort. Du kannst sie selbst nachschauen. Jeder kann sie sehen. Sie ist Teil der Bitcoin DNA geworden. In tausend Jahren, wenn Historiker versuchen herauszufinden, warum Menschen im frühen 21. Jahrhundert eine digitale Währung erfunden haben, werden sie diese Nachricht finden. Und sie werden verstehen: Es war nicht aus Spaß. Es war aus Verzweiflung. Und aus Wut. Manche würden sagen, dass diese versteckte Botschaft Bitcoin von einer bloßen technischen Innovation zu einer politischen Aussage gemacht hat. Andere würden sagen, es war einfach nur ein cleverer Marketing Trick. Aber egal wie man es sieht, es funktioniert. Diese neun Wörter haben mehr Aussagekraft als tausend Seiten ökonomischer Abhandlungen.

₿ FAKT 3.

Niemand weiß, wer Bitcoin erfunden hat

Satoshi Nakamoto. Dieser Name steht unter dem Bitcoin Whitepaper. Dieser Name hat die ersten Bitcoin erschaffen. Dieser Name hat die Welt verändert. Und absolut niemand weiß, wer zum Teufel sich dahinter verbirgt. Es ist, als hätte jemand das Internet erfunden, uns allen die Bedienungsanleitung in die Hand gedrückt und wäre dann einfach in den Sonnenuntergang geritten. Nur ohne Pferd. Und ohne dass irgendjemand sein Gesicht gesehen hätte. Die Theorien über Satoshis Identität sind legendär. Ist es ein japanischer Kryptographie Experte? Der Name klingt japanisch, also liegt das nahe. Aber dann wieder: Der gesamte Code und alle Forenbeiträge sind in perfektem Englisch verfasst. Britisches Englisch, um genau zu sein. Niemand in Japan schreibt 'colour' statt 'color', außer er will absichtlich verwirren. Und das könnte durchaus der Fall sein. Vielleicht ist Satoshi eine Gruppe? Ein Team aus brillanten Programmierern, die beschlossen haben, gemeinsam unter einem Pseudonym zu arbeiten? Das würde erklären, warum der Code so gut ist. Eine Person allein hätte Jahre gebraucht, um so etwas zu entwickeln. Aber ein Team? Das könnte es in Monaten schaffen. Manche Leute glauben sogar, Satoshi sei eine geheime Regierungsbehörde. NSA, CIA, wer weiß? Klingt nach Verschwörungstheorie, ist aber nicht völlig von der Hand zu weisen. Die Liste der Verdächtigen ist lang und illuster. Nick Szabo, ein Kryptograph, der Jahre vor Bitcoin ein Konzept namens 'Bit Gold' entwickelte. Hal Finney, einer der ersten Bitcoin Nutzer überhaupt. Dorian Nakamoto, ein Mann, der tatsächlich so heißt und von Journalisten gejagt wurde wie ein Verbrecher, obwohl er wahrscheinlich nichts damit zu tun hatte. Dann gibt es noch Craig Wright, einen australischen Programmierer, der behauptet, Satoshi zu sein. Das Problem? Er konnte es nie wirklich beweisen. Und die Bitcoin Community glaubt ihm nicht. Überhaupt nicht. Im Jahr 2011 verschwand Satoshi einfach. Die letzte Nachricht war so etwas wie 'Ich überlasse Bitcoin jetzt in guten Händen' und dann: Funkstille. Keine E Mails mehr, keine Forenbeiträge, kein Lebenszeichen. Es ist, als wäre er in eine andere Dimension gewechselt. Manche glauben, er sei gestorben. Andere denken, er lebt irgendwo unter falschem Namen und beobachtet amüsiert, was aus seinem Projekt geworden ist. Das wirklich Verrückte? Satoshi besitzt vermutlich etwa eine Million Bitcoin. Bei heutigen Kursen wäre das ein Vermögen im Wert von vielen Milliarden Dollar. Und trotzdem hat diese Person oder Gruppe nie auch nur einen einzigen dieser Coins bewegt. Nicht einen! Entweder ist Satoshi der geduldigste Investor aller Zeiten, ein moderner Asket, der materielle Dinge ablehnt. Oder, und das ist wahrscheinlicher, er hat schlicht und einfach seine Passwörter vergessen. Was irgendwie tröstlich ist. Selbst das größte Genie der Kryptowelt ist nicht gegen menschliche Dummheit gefeit.

FAKT 4.

Die berühmteste Pizza der Welt kostete 10.000 Bitcoin

Der 22. Mai 2010 sollte als der Tag in die Geschichte eingehen, an dem Bitcoin zum ersten Mal für etwas Echtes, Greifbares, Essbares verwendet wurde. Laszlo Hanyecz, ein Programmierer aus Florida, hatte eine brillante Idee: Er wollte beweisen, dass man mit Bitcoin tatsächlich echte Dinge kaufen kann. Keine Theorie mehr, sondern Praxis. Also postete er in einem Bitcoin Forum: Wer schickt mir zwei Pizzen und bekommt dafür 10.000 Bitcoin? Damals, und das muss man sich auf der Zunge zergehen lassen, waren 10.000 Bitcoin etwa 41 Dollar wert. Für zwei Pizzen klingt das absolut fair. Vielleicht sogar ein bisschen großzügig. Schließlich reden wir hier von normalen Pizzen. Keine Trüffel, kein Blattgold, keine Michelin Sterne. Einfach zwei ganz normale Papa Johns Pizzen mit Käse, Tomaten und ein paar Toppings. Ein Typ namens Jeremy Sturdivant, damals ein Teenager, nahm das Angebot an. Er bestellte online zwei Pizzen für Laszlo, bezahlte sie mit seiner Kreditkarte (etwa 30 Dollar), und bekam dafür 10.000 Bitcoin überwiesen. Ein guter Deal, dachte sich Jeremy wahrscheinlich. 11 Dollar Gewinn für ein paar Mausklicks. Nett. Nur leider, und jetzt wird es schmerzhaft, wären diese 10.000 Bitcoin heute nicht mehr 41 Dollar wert. Auch nicht 410 Dollar. Auch nicht 41.000 Dollar. Nein, wir reden hier von mehreren hundert Millionen Dollar. Je nachdem wann du dieses Buch liest, könnte es sogar noch mehr sein. Die teuersten Pizzen der Menschheitsgeschichte. Vermutlich sogar des gesamten Universums. Laszlo Hanyecz selbst sagt übrigens, er bereue es nicht. In Interviews betont er immer wieder, dass es wichtig war zu zeigen, dass Bitcoin funktioniert. Dass man damit echte Dinge kaufen kann. Dass es nicht nur Nerd Spielgeld ist. Und technisch gesehen hat er recht. Ohne solche Transaktionen hätte Bitcoin vielleicht nie den Durchbruch geschafft. Aber insgeheim, wenn er nachts wach liegt und nicht schlafen kann, muss er doch manchmal an diese Pizzen denken. An den Käse, die Salami, die Tomatensoße. An hunderte Millionen Dollar. Auf einem Pappteller. Mit einer Serviette abgewischt. Jeremy Sturdivant, der Pizza Lieferboy (naja, Vermittler), hat übrigens später zugegeben, dass er die Bitcoin relativ schnell wieder verkauft hat. Er brauchte Geld für einen neuen Computer oder so etwas. Heute würde dieser Computer mehrere hundert Millionen Dollar kosten. Aber hey, wer hätte das ahnen können? Bitcoin war damals ein Experiment. Digitales Spielgeld. Niemand, wirklich niemand, konnte vorhersehen, dass es eines Tages so wertvoll werden würde. Seit diesem historischen Tag feiern Bitcoin Fans weltweit den 22. Mai als Bitcoin Pizza Day. An diesem Tag posten Menschen Fotos von Pizzen, erzählen die Geschichte von Laszlo und seiner episch teuren Mahlzeit, und fragen sich: Was habe ich in meinem Leben für Entscheidungen getroffen, die ich heute bereue? Es ist eine Mischung aus Feier, Ehrfurcht und leichter existenzieller Krise. Perfekt für die Bitcoin Community.

₿ FAKT 5.

Ein Mann warf Bitcoins im Wert von Millionen in den Müll

James Howells aus Newport, Wales, ist vermutlich der unglücklichste Mensch der gesamten Bitcoin Welt. Und das ist keine Übertreibung. Seine Geschichte ist so tragisch, dass sie selbst hartgesottene Krypto Veteranen zum Weinen bringen könnte. Im Jahr 2013 räumte James sein Büro auf. Ein ganz normaler Frühjahrsputz. Er sortierte alte Computer Teile aus, warf Kabel weg, entsorgte Kram, den er nicht mehr brauchte. Darunter: eine alte Festplatte. Eine völlig normale, unscheinbare Festplatte. Die er dann in den Müll warf. Das Problem? Auf dieser Festplatte befanden sich 8.000 Bitcoin. Achttausend. Nicht acht. Nicht achtzig. Achttausend. Damals waren die vielleicht ein paar tausend Dollar wert. Ärgerlich, aber verkraftbar. Heute, je nachdem wann du das hier liest, reden wir über einen Wert von über 200 Millionen Dollar. Zweihundert. Millionen. Dollar. Auf einer Festplatte. Im Müll. Die Festplatte liegt jetzt irgendwo auf einer Mülldeponie in Newport. Begraben unter Tonnen von Abfall, Windeln, alten Matratzen, verfaultem Essen und allem anderen, was Menschen so wegwerfen. Irgendwo da unten, in diesem Meer aus Müll, liegt ein digitaler Schatz im Wert von mehr als die meisten Menschen in ihrem ganzen Leben verdienen werden. Und niemand kommt ran. James hat natürlich versucht, die Festplatte wiederzufinden. Er hat der Stadt Newport angeboten, sie großzügig an den Gewinnen zu beteiligen, wenn er die Deponie durchsuchen darf. Wir reden hier von Millionen für die Stadt. Millionen! Für ein Projekt, das vielleicht funktioniert. Die Antwort der Stadt? Nein. Zu gefährlich. Zu teuer. Zu aufwendig. Die Umweltauflagen erlauben es nicht. Die Deponie könnte einstürzen. Blablabla. Stell dir mal die Situation vor. Du weißt genau, dass irgendwo unter dir dein gesamtes Vermögen liegt. Hunderte Millionen Dollar. Du könntest dir alles kaufen. Ein Haus. Zehn Häuser. Eine Insel. Ein Flugzeug. Alles. Aber du kannst einfach nicht rankommen. Es ist zum Verrücktwerden. Es ist wie in einem dieser Albträume, wo du rennen willst, aber deine Beine bewegen sich nicht. Nur dass du in diesem Fall nicht aufwachst. James gibt nicht auf. Er hat mittlerweile Pläne vorgelegt, wie man die Deponie systematisch durchsuchen könnte. Mit Robotern, mit KI gestützter Bilderkennung, mit allem technischen Schnickschnack, den das 21. Jahrhundert zu bieten hat. Er hat sogar Investoren gefunden, die bereit sind, das Projekt zu finanzieren. Aber die Stadt bleibt stur. Nein heißt nein. Die Ironie? Wenn James die Festplatte jemals finden sollte, ist nicht mal garantiert, dass sie noch funktioniert. Nach Jahren unter Müll, Feuchtigkeit, Druck und Chemikalien könnte sie längst kaputt sein. Die Daten könnten korrupt, unleserlich oder komplett zerstört sein. Es wäre das traurigste Ende einer ohnehin schon traurigen Geschichte. Aber James klammert sich an die Hoffnung. Was soll er auch sonst tun? Die wichtigste Lektion aus dieser Geschichte? Erstens: Macht Backups. Zweitens: Macht noch mehr Backups. Drittens: Werft niemals, wirklich niemals etwas weg, ohne dreimal nachzudenken. Besonders dann nicht, wenn es potenziell eure gesamten Lebensersparnisse enthält. Und viertens: Wenn ihr alte Festplatten habt, überprüft sie. Jetzt. Sofort. Bevor ihr sie wegwerft. Vielleicht, nur vielleicht, seid ihr der nächste Bitcoin Millionär, ohne es zu wissen.

₿ FAKT 6.

Eine ganze Insel bezahlt mit Bitcoin

Wenn du dir vorstellst, wie eine Insel im Pazifik Bitcoin als offizielles Zahlungsmittel annimmt, dann klingst das nach einem Film mit Johnny Depp. Ein verrückter Typ auf einer winzigen Insel, der sagt: Forget Dollar, forget Euros, wir zahlen hier ab sofort mit Bitcoin. Und genau das passiert auf El Salvador. Allerdings ist El Salvador keine Insel, sondern ein kleines Land in Mittelamerika. Aber die Logik ist trotzdem dieselbe: Komplett verrückt, aber irgendwie genial. Am 7. September 2021 wurde Bitcoin zum offiziellen Zahlungsmittel von El Salvador erklärt. Nicht als Experiment. Nicht als Pilotprojekt. Als echtes, amtliches, gesetzlich verankerte Zahlungsmittel. Neben dem US Dollar. Ja, richtig gelesen. Ein Land auf dieser Erde hat offiziell beschlossen, dass Bitcoin Geld ist. Gleichrangig mit der Dollarnote, die du in deiner Brieftasche trägst. Der Präsident von El Salvador, Nayib Bukele, war der Architekt hinter dieser Entscheidung. Ein junger, tech affiner Mann, der offenbar der Meinung ist, dass traditionelle Währungen einfach nicht mehr ausreichen. Seine Argumente waren durchaus interessant: Ein großer Teil der Bevölkerung von El Salvador hat kein Bankkonto. Kein Bankkonto! In einem Land, wo viele Menschen jeden Tag kämpfen müssen. Bitcoin könnte diese Menschen in das Finanzsystem einbinden, ohne dass sie eine Bank brauchen. Nur ein Smartphone. Das ist ein nicht unwichtiges Argument. Die internationale Reaktion war, um es höflich zu sagen, gemischt. Der Internationale Währungsfonds, also das IWF, war alles andere als begeistert.

Die Weltbank runzelte die Stirn. Viele Ökonomen schütteln mit dem Kopf. Aber weißt du was? Viele dieser Institutionen haben selbst benoigt, um Bitcoin zu verstehen. Und El Salvador, dieses kleine Land mit gerade 6,5 Millionen Einwohnern, hat einfach vorgemacht. Augen geschlossen, Schalter umgelegt, fertig. Ob das experiment langfristig funktioniert, bleiben wir mal abwarten. Bitcoin ist volatil. Heute ist es viel wert, morgen könnte es die Hälfte verlieren. Für ein Land wie El Salvador, das sich keine Schwankungen von hundert Prozent leistenkan, ist das ein nicht unerhebliches Risiko. Aber wer kann dem Präsidenten verdenken, dass er es versucht? Manchmal ist der verrückteste Weg auch der einzige, der irgendwo hinführt. Und wenn nicht, dann gibt es ja immer noch den Dollar.

₿ FAKT 7.

Es gibt eine maximale Anzahl von Bitcoin, die jemals existieren werden

Eines der klügsten Tricks, die jemals in der Geschichte des Geldes erfunden wurde, ist gleichzeitig eines der simpelsten. Bitcoin gibt es nur in begrenzter Anzahl. Punkt. Ende. Kein Wenn und Aber. Genau 21 Millionen Bitcoin werden jemals existieren. Nicht 22 Millionen. Nicht 100 Millionen. Genau 21 Millionen. Das ist in dem Code geschrieben, aus dem Bitcoin besteht. Unveränderlich. Wie ein digitaler Beiheiliger Bestandsverzeichnis, den niemand falschen kann. Das klingt unspektakulär. Neuneinundzwanzig Millionen Dingse? So, was ist das für eine komische Zahl? Aber wenn du darüber nachdenkst, wird es zu einem der revolutionärsiten Konzepte der modernen Wirtschaft. Vergleich das mal mit dem normalen Geld, dem Euro, dem Dollar, dem Yen. Diese Währungen werden von Notenbanken ausgegeben. Und Notenbanken können einfach mehr drucken. Wenn der Dollar nicht reicht, druckt die Fed einfach noch ein paar Milliarden ab. Wenn der Euro nicht reicht, druckt die EZB nach. Das heißt Geldvermehrung. Und es heißt auch: Dein Geld wird langsam, aber sicher, über die Zeit, weniger wert. Bei Bitcoin gibt es das nicht. Niemand kann mal eben eine Million Bitcoin aus dem Nichts zaubern. Es gibt keine Bitcoin Notenbank, die auf einer Taste drückt und schwubbelwubbelschon liegen da noch ein paar Millionen extra. Die 21 Millionen sind es. Fertig. Diese Knappheit ist ein der Hauptgründe, warum viele Menschen Bitcoin als eine Art digitales Gold betrachten. Gold kann man auch nicht einfach vermehren. Man kann nur mehr davon im Erdinneren suchen. Aber es gibt nun mal eine endliche Menge davon. Genau wie bei Bitcoin. Und hier kommt der lustige Teil. Von diesen 21 Millionen Bitcoin sind bereits etwa 19 Millionen geschaffen worden. Das bedeutet, es bleiben nur etwa zwei Millionen übrig. Und die letzten davon werden erst im Jahr 2140 erschaffen werden. Ja, du hast richtig gelesen. 2140. In einem Jahr, in dem wahrscheinlich niemand von uns mehr lebt, wird der letzte Bitcoin geschaffen werden. Wer dann diese letzte Bitcoin minen wird, wird sich wie ein digitaler Kolumbus fühlen. Was passiert danach? Wenn alle 21 Millionen existieren und es keine neuen Bitcoin mehr gibt? Das ist eine spannende Frage, auf die niemand mit Sicherheit antworten kann. Die Bitcoin Miner, die die Transaktionen validieren, bekommen derzeitig neue Bitcoin als Belohnung. Wenn es keine neuen mehr gibt, werden sie nur noch auf Transaktionsgebühren angewiesen sein. Ob das reicht, um das Netzwerk am Laufen zu halten, bleibt abzuwarten. Aber bis dahin haben wir erstmal noch ungefähr hundert Jahre. Da werde ich vermutlich nicht mehr da sein, um es zu sehen.

₿ FAKT 8.

Der Bitcoin Kurs wurde einmal für eine Sekunde auf Null gedrückt

Wenn du je den Bitcoin Kurs beobachtet hast, weißt du, dass er sich aufführt wie ein betrunkener Hamster auf einem Laufrad. Einfach aus dem Nichts nach oben, aus dem Nichts nach unten, ohne Logik, ohne Vorwarnung, ohne jedes Gefühl für die Nerven der Menschen, die ihm zugucken. Aber es gibt einen Moment in der Bitcoin Geschichte, der alle anderen Verrücktheiten übertrumpft: Den Tag, an dem der Kurs buchstäblich auf Null fiel. Null Dollar. Null Cent. Nichts. Wertlos. Das war im Juni 2010, also ziemlich früh in der Bitcoin Geschichte. Damals war Bitcoin noch ein winziges Experiment, das nur in einem paar Ecken des Internets bekannt war. Der gesamte Bitcoin Markt hatte einen Wert von vielleicht einem paar tausend Dollar. Winzig. Unbedeutet. Kein Hedge Fonds, keine Notenbank, kein Mensch mit Anzug und Krawatte schaut auf Bitcoin. Nur ein Handvoll Nerds und Programmierer, die einfach fanden, dass das ganze Konzept geil war. Und dann passierte etwas sehr unglückliches. Es gab eine Sicherheitslücke in einem der damals einzigen Bitcoin Börsen, nämlich MtGox. Diese Börse war für die Bitcoin Welt von 2010 das, was Coinbase heute ist. Die Hauptbude. Der Hauptanlaufpunkt. Und auf dieser Börse wurde durch einen Bug der Bitcoin Preis manipuliert und kurz auf Null gedrückt. Auf genau Null. Für eine kurze Zeit war Bitcoin buchstäblich wertlos. Offiziell. Schwarz auf weiß. Wie lange dauerte dieser Null Kurs? Je nach Bericht irgendwo zwischen einer Sekunde und einer

Stunde. Die genaue Dauer ist umstritten, weil bei einem Markt, der so klein war, fast niemand genau hingeschaut hat. Aber der Punkt ist: Bitcoin überlebte. Der Kurs erholte sich, die Community schlukte kurz, schüttelte sich aus wie ein nasser Hund und machte einfach weiter. Von Null Dollar zu heute einer von den wertvollsten Vermögenswerten der Welt. Das ist entweder die tollste Comeback-Geschichte ever, oder eine kollektive Halluzination auf vorher unsehener Höhe. Beides wäre ehrlich gesagt ziemlich beeindruckend. Was diese Geschichte am meisten lehrt? Bitcoin ist nicht nur eine Währung, die von Zahlen und Algorithmen bestimmt wird. Es ist ein soziales Experiment. Solange genug Menschen glauben, dass Bitcoin Wert hat, hat es Wert. Und selbst wenn der Kurs auf Null fällt, wenn die Community weiter kämpft, wenn die Programmierer weiter programmieren und die Anhänger weiter halten, kann Bitcoin wieder aufstehen. Wie ein digitaler Phoenix aus der Asche. Oder wie ein Hamster auf dem Laufrad, der einfach nicht aufhört zu laufen.

₿ FAKT 9.

Es gibt Bitcoin Gott-Modus Adressen mit Milliarden, die niemand kennt

In der Bitcoin Welt gibt es Orte, die man als digitale Tresore bezeichnen könnte. Adressen, auf denen Millionen oder sogar Milliarden Dollar in Bitcoin sitzen. Und die Besitzer dieser Adressen? Entweder tot. Oder mit ihren Passwörtern überkreuzt. Oder einfach so verdammt vorsichtig, dass sie lieber gen Mond schauen, als einen einzigen Satoshi zu bewegen. Die Erbeere wertvolle Digitaler Vermögen, die für immer verloren bleiben könnten. Das größte Beispiel ist, wie gesagt, Satoshi Nakamoto selbst. Der Erfinder von Bitcoin besitzt vermutlich etwa eine Million Bitcoin. Bei heutigen Kursen ein Vermögen, das sich in den zweistelligen Milliarden Dollar bewegt. Und von dieser Million Bitcoin wurde bis heute ein einziger Coin bewegt. Keiner. Null. Nada. Diese Adressen liegen einfach da, wie eine digitale Mumie in einem ägyptischen Pyramide. Unberührt. Unzugänglich. Für immer. Aber Satoshi ist nicht allein. Es gibt hunderte Adressen mit enormen Bitcoin Mengen, die seit Jahren nicht bewegt werden. Manche davon gehören Menschen, die früh in Bitcoin investiert haben und seitdem gestorben sind. Ihre Erben wissen vielleicht sogar, dass da irgendwo Bitcoin liegen, aber ohne den richtigen Schlüssel, also das Passwort zur Adresse, können sie so gut wie nichts dagegen tun. Die Bitcoin liegen da. Unerreichbar. Wie Gold, das am Boden eines ozeanischen Grabens liegt, wo kein Mensch hinkommen kann. Ein solcher Mechanismus kennt das normale Geld nicht. Wenn dein Opa 10.000 Euro auf dem Konto hat und stirbt, geht das Geld an die Erben. Die Bank gibt das aus. Aber bei Bitcoin gibt es keine Bank, die helfen kann. Kein Kundenservice, den du anrufen kannst. Keine Ausnahme, die man machen kann. Die Bitcoin sind einfach da, und ohne den richtigen Code bleiben sie dort, bis zum Ende der Welt. Es ist wie wenn du einen Diamanten in einem unöffnbare Safe einschließt und den Schlüssel verlierst. Wie viele Bitcoin sind so für ewig verloren? Die Schätzungen variieren wildly, aber manche Experten vermuten, dass bereits mehrere Millionen Bitcoin dauerhaft unzugänglich sind. Das ist ein erheblicher Anteil von den insgesamt 21 Millionen, die jemals existieren werden. Verloren Coins bedeuten, dass die tatsächlich umlaufende Menge noch kleiner ist als ohnehin schon. Was theoretisch den Wert der restlichen Bitcoin noch höher treibt. In einem verrückten Weise helfen diese verloren gegangene Coins dem Gesamtsystem. Die toten Millionäre werden unfreiwillig zu Bitcoin Inflationsbekämpfer.

₿ FAKT 10.

Warum eine Bitcoin-Überweisung tagelang feststecken kann

Stell dir vor, du überweist jemandem Geld. Du drückst auf Senden. Und dann... passiert nichts. Dein Geld ist weg von deinem Konto, aber beim Empfänger angekommen? Nein. Es ist irgendwo im digitalen Nirvana, in einer Art digitaler Wartelounge, wo es sich die Beine verdirbt, bis es endlich weiter darf. Das ist, was bei Bitcoin passieren kann. Und es ist, ehrlich gesagt, eines der skurrilsten Aspekte dieser ganzen Technologie. Wenn du eine Bitcoin Transaktion sendest, kommt sie nicht direkt an. Sie wird zunächst in einen sogenannten Mempool geworfen. Der Mempool, kurz für Memory Pool, ist wie eine riesige Warteschlange. Tausende von Transaktionen stehen dort Schlange, alle warten darauf, dass sie in einen Block aufgenommen werden und damit bestätigt werden. Wer zuerst dran ist, bestimmt nicht die Fairness, sondern die Gebühren. Wer mehr bezahlt, kommt schneller dran. Das ist nicht Korruption. Das ist Design. In normalen Zeiten, wenn das Bitcoin Netzwerk nicht zu überlastet ist, dauert eine Transaktion zwischen zehn Minuten und einer Stunde. Das ist zwar langsamer als ein Überweisung bei deiner normalen Bank, die in Echtzeit funktioniert, aber für das Konzept, dass da irgendwo auf der Welt tausende von Computern diese Transaktion überprüfen und bestätigen, ist es eigentlich ziemlich toll. Aber in Zeiten von hoher Nachfrage kann sich das drastisch ändern. Wenn alle auf einmal Bitcoin senden willen, steiget die Warteschlange massenhafte an. Die Gebühren schießen in die Höhe. Und manche Transaktionen können tagelang feststecken. Tagelang! Du sendest am Montag, und am Donnerstag kommt es noch nicht angekommen sein. Deine Bitcoin liegen da, irgendwo zwischen deinem Wallet und dem Empfänger, wie ein Paket, das dem DHL Fahrer vom Lkw gefallen ist. Das Lustige am Ganzen? Du kannst eine feststeckende Transaktion nicht einfach stornieren. Nicht wie bei einer Kreditkarte, wo du rufst und sagt: Bitte mache das weg. Bei Bitcoin ist die Transaktion abgeschickt. Sie ist in der Warteschlange. Irgendwann wird sie bearbeitet. Du kannst nur warten, oder eine neue Transaktion mit höheren Gebühren senden, um die alte zu beschleunigen. Es ist wie eine Briefmarke bei der Post. Einmal aufgegeben, einmal aufgegeben. Du kannst nur hoffen, dass es irgendwann ankommt. Was in der Regel der Fall ist. Aber manchmal braucht es eine Weile. Eine sehr lange Weile.

₿ FAKT 11.

Jemand hat 230 Millionen Dollar Bitcoin auf einem Zettel notiert und dann den Zettel verloren

James Thomas, ein Mann aus San Francisco, war eines der frühen Bitcoin Anhänger. Er miente in den ersten Tagen, als Bitcoin noch ein Experiment war, das niemand ernst nahm. Und wie es bei dem manchen frühen Anhängern der Fall ist, hat er seine Passwörter nicht auf einem fancy verschlüsselten Sicherheitsgerät gespeichert. Nein. Er hat sie auf einem ganz normalen Zettel aufgeschrieben. Einem Zettel. Wie man früher eine Einkaufsliste notiert. Der Zettel lag irgendwo im Haus. Vielleicht in einer Schublade, vielleicht zwischen zwei Büchern, vielleicht in einer Tasche eines Jackets, das er seit Jahren nicht mehr getragen hat. Genau wo, weiß er nicht mehr. Weil er den Zettel verloren hat. Einfach weg. Verschwunden im digitalen Äther der physischen Welt. Und auf diesem Zettel waren die Zugangscodes zu einer Adresse mit etwa 8.000 Bitcoin. Bei heutigen Kursen ein Gegenwert von über 230 Millionen Dollar. Gone. Kaput. Verloren wie eine Socke in der Waschmaschine, nur dass diese Socke ein Vermögen wert ist. Das Lustige, und gleichzeitig Tragische, an dieser Geschichte ist ihre Einfachheit. Es war kein Hack. Kein betrug. Kein Cyber Angriff. Ein Zettel. Ein ganz normaler Zettel mit Buchstaben und Ziffern darauf wurde verloren. In einer Welt, wo Menschen Milliarden Dollar in digitalen Währungen speichern, kann ein einzelner Zettel, eine einzelne Festplatte, ein einzelnes verloren gegangenes Passwort die Grenze zwischen Reich und Pleite sein. James hat natürlich alles versucht, den Zettel zu finden. Das Haus wurde auf den Kopf gestellt. Schublade nach Schublade durchsucht. Taschen durchkramelt. Bücher durchblättert. Nichts. Der Zettel ist wie von der Erde verschluckt. Und jedes Mal, wenn James auf Bitcoin schauen und den Kurs steigen sieht, wird der Schmerz wahrscheinlich ein bisschen größer. Weil jede neue Rekordschlag bedeutet, dass sein verloren gegangener Zettel immer mehr wert wird. Das ist eine sehr spezielle Form von Folterknecht. Die Lektion hier ist nicht neu, aber wird immer dringender: Wenn du Bitcoin besitzt, macht Backups. Mehrere. An verschiedenen Orten. Vielleicht sogar auf einem Zettel, aber dann bitte in einem Tresor, nicht in einer Schublade neben der alten Fernbedienung. Dein Zettel ist dein Schlüssel. Verlierst du den, verlierst du alles. Einfach so. Ohne Rückruf, ohne Kundenservice, ohne Hoffnung.

₿ FAKT 12.

Bitcoin Mining verbrennt mehr Strom als manches Land auf der Erde

Wenn du Bitcoin Mining hörst, stellst du dir vielleicht vor, wie ein Typ in einem Keller sitzt, der vor einem Computer und aus dem Nichts Bitcoin erschafft. Wie ein digitaler Alchemist, der Blei in Gold verwandelt. Das ist nicht völlig falsch, aber es fehlt ein wichtiges Detail: Diese Computer verbrauchen eine absurde Menge Strom. Eine so absurde Menge, dass es die umwelttechnische Diskussion um Bitcoin zu einem der heftigsten Themen in der Krypto-Welt gemacht hat. Wie viel Strom verbraucht Bitcoin Mining genau? Das ist schwer zu messen, weil Mining überall auf der Welt passiert und vieles davon in der Schwärze betrieben wird. Aber die Schätzungen sind brutal. Der Bitcoin Netzwerk verbraucht laut verschiedenen Studien zwischen 100 und 150 Terawattstunden pro Jahr. Das klingt vielleicht nicht nach viel, bis du es mit echten Ländern vergleichst. Das ist etwa so viel Strom, wie Argentinien, Österreich oder Norwegen im Jahr verbrauchen. Ein einzelnes Land. Komplett aufgezehrt durch das Mining von einer digitalen Währung. Warum braucht Bitcoin so viel Strom? Die Antwort liegt im sogenannten Proof of Work System. Um eine neue Bitcoin zu erzeugen, müssen Mining Computer ein kompliziertes mathematisches Rätsell lösen. Genauer gesagt eine kryptographische Hashfunktion tausendfach durchrechnen. Das ist absichtlich schwierig gemacht. Nicht weil es sein muss, aber weil es das Netzwerk sichert. Je schwieriger das Rätsell, desto schwieriger es für Angreifer, das System zu manipulieren. Aber schwierige Rätsel bedeuten viel Rechenleistung. Und viel Rechenleistung bedeutet viel Strom. Die Kritiker sind laut. Sehr laut. Wie kann eine Technologie, die sich als Modern und Forward Looking bewerben will, so viel Energie verbrauchen? Wo die ganze Welt versucht, CO2 zu reduzieren, braucht Bitcoin mehr Strom als ganze Staaten? Das ist ein valides Argument. Niemand kann das einfach wegwischen. Die Anhänger kontert allerdings auch. Ein großer Teil des Bitcoin Mining finde an Orten statt, wo billige und erneuerbare Energie verfügbar ist. Wasserkraft in Norwegen, Geothermie auf Island, überschüssige Solarenergie in bestimmten Regionen. Bitcoin Mining könnte sogar helfen, Energieüberschüsse zu nutzen, die sonst einfach verpuffen würden. Die Debatte ist real, komplex und wird noch lange andauern. Was aber sicher ist: Bitcoin Mining ist eines der energieintensivsten Unterfangen, das die Menschheit je erfunden hat. Das sollte jedem Umweltbewussten Investor ehrlich gesagt zu denken geben.

₿ FAKT 13.

Es gibt Bitcoin Addressen, die nur aus einer einzigen Ziffer bestehen

In der wunderbaren Welt von Bitcoin gibt es ein paar Adressen, die so aussehen, als hätte ein kleines Kind auf der Tastatur gewürfelt. Eine davon ist die berühmte Adresse 1111111111111111111114oLvT2. Ja, du hast richtig gelesen. Einsen. Viele, viele Einsen. Gefolgt von einem paar normalen Zeichen am Ende. Diese Adresse existiert. Sie ist real. Und sie hat eine sehr spezielle Bedeutung in der Bitcoin Welt. Diese Adresse heißt eine Burn Address. Ein digitaler Ofen, in dem Bitcoin für immer verbrannt werden. Wenn jemand Bitcoin an diese Adresse sendet, sind diese Coins für immer verloren. Niemand hat den Schlüssel zu dieser Adresse. Niemand kann jemals die dort geschickten Bitcoin zurückholen oder verwenden. Sie sind komplett und dauerhaft aus dem Umlauf entfernt. Weg. Verschwunden. Wie wenn du einen Geldschein in einem Kamin verbrennt, nur dass das hier digital passiert und für die Ewigkeit dokumentiert ist. Warum würde jemand freiwillig Bitcoin verbrennen? Das klingt verrückt. Und ist auch verrückt. Aber es gibt dafür tatsächlich Gründe. Erstens wird Coin Burning manchmal verwendet, um die Gesamtmenge einer Kryptowährung zu reduzieren. Weniger Coins im Umlauf bedeutet theoretisch einen höheren Wert für die restlichen. Ein bisschen wie wenn eine Firma eigene Aktien zurückkauft und vernichtet. Zweitens wird diese Adresse manchmal als eine Art digitaler Papierkorb verwendet. Wenn Leute im Crypto Raum einen Fehler machen oder Coins loswerden wollen, ohne sie jemandem zu geben, landen sie oft hier. Es ist ein seltsam rituelles Ding, fast wie ein digitales Opfer auf einem Altar bringen. Du schickst deine Bitcoin in den Ofen, und die Blockchain schreibt für die Ewigkeit auf: Diese Coins existieren nicht mehr. Wie viele Bitcoin wurden an Burn Addresses gesendet? Die genaue Zahl ist schwer zu sagen, aber es handelt sich um eine nicht unbedeuting Menge. Jeder Coin, der so verbrannt wird, ist ein Coin, der nie wieder im Umlauf sein wird. Eine freiwillige Selbstauslöschung im digitalen Zeitalter. Manchmal fragen sich Menschen, ob es ein sinnvollere Art gibt, mit überschüssigen Bitcoin umzugehen. Die Antwort ist natürlich ja. Aber die Burn Address hat eine fast mystische Faszination. Sie ist der digitale Einwegticket in die Ewigkeit. Einmal drin, für immer weg.

FAKT 14.

Der erste Bitcoin Kurs wurde durch eine Tauschbörse auf 0,06 Cent bestimmt

Bevor Bitcoin an Börsen gehandelt wurde, bevor es Millionen Dollar wert war, bevor überhaupt irgendjemand außer einem Handvoll Nerds wusste, was Bitcoin ist, muss irgendwo der erste Preis bestimmt werden. Denn eine Währung ohne Preis ist wie eine Aktie ohne Börse, nett zu haben, aber von wie viel weiß eigentlich niemand. Der erste offizielle Bitcoin Preis wurde im Oktober 2009 festgelegt. Und er war So klein, dass er fast lächerlich wirkt. 0,00076 US Dollar. Das war der Preis. Für einen Bitcoin. Nicht für tausend. Nicht für hundert. Für einen einzelnen Bitcoin. Weniger als einen Cent. Ein Bruchteil eines Cents. Für etwas, das heute Zehn-, Hunderttausende Dollar wert ist. Wenn die Zeitmaschine eine Richtung hätte, die du wählen könntest, wäre das wahrscheinlich der Moment. Oktober 2009. Ein Bitcoin für einen Bruchteil eines Cents. Alles kaufen. Alles. Und dann einfach warten. Wie wurde dieser erste Preis überhaupt bestimmt? Nicht durch eine normale Börse wie die NYSE oder DAX. Nein. Der erste Bitcoin Preis wurde durch eine Online Tauschbörse berechnet, die sich die kosten für das Mining von Bitcoin aufrechnet und diese durch die Anzahl der geschaffenen Coins dividierte. Ein ziemlich simplifiziertes Modell. Wie wenn du sagst: Ein Gold Nugget ist so viel wert, wie es mich kostet, es aus der Erde zu graben. Logisch. Aber auch ziemlich basal. Die Börse heiß BitcoinMarket.com und war eine winzige

Operation. Kein professioneller Finanzplatz, kein Bloomberg Terminal, kein Algorithmus der in Nanosekunden Millionen Transaktionen verarbeitet. Einfach eine kleine Website, wo ein Handvoll Menschen Bitcoin gegen US Dollar tauschen konnten. Pitiful? Ja. Aber historisch bedeutsam? Absolut. Denn dieser winzige Preis war der Anfang von einer der verrücktsten Wertentwicklungen in der Geschichte des Geldes. Von 0,00076 Dollar zu hundertausenden Dollar pro Stück in etwas mehr als einem Jahrzehnt. Eine Wertentwicklung, die durch keinen anderen Vermögenswert in der Geschichte der Menschheit erreicht wurde. Nicht Gold. Nicht Aktien. Nicht Immobilien. Nichts. Wenn es eine einzige Lektion aus dieser Geschichte gibt, dann diese: Die kleinsten Anfänge können zu den größten Abenteuern führen. Vorausgesetzt, du hast in Oktober 2009 genug Geduld, genug Mut, und genug Geld, um bei einem Bruchteil eines Cents einzusteigen. Was vielleicht bei manchen Leuten der Fall war. Für die restlichen von uns: Nein.

₿ FAKT 15.

Es gibt eine Bitcoin Kirche, die auf der Blockchain tauft

Die Bitcoin Welt ist voller verrückter Ideen. Aber eine der verrücktsten ist gleichzeitig eine der sympathischsten. Es gibt eine Kirche, die tatsächlich auf der Bitcoin Blockchain tauft. Eine echte, von Menschen gegründete religiöse Gemeinschaft, die den Akt der Taufe in die digitale Welt gebracht hat. Als ob das Christentum in das 21. Jahrhundert gezogen wäre und sich dacht: Weißt was, wenn alles digital wird, dann wird auch die Taufe digital. Die Bitcoin Church, gegründet von einem Pastor in den USA, nutzt die Blockchain, um eine digitale Taufurkunde für jeden Anhänger zu erstellen. Das bedeutet, dass deine Taufe nicht nur in einem Kirchenbuch steht, sondern auch auf der Bitcoin Blockchain verewigt ist. Für die Ewigkeit. Unveränderlich. Unzerstörbar. Jeder, der die Blockchain durchsucht, könnte theoretisch deinen Taufakt finden. Für die Ewigkeit der Ewigkeiten. Selbst wenn die Kirche zusammenbreitet, selbst wenn das Kirchenbuch brennt, bleibt deine Taufe im digitalen Gedächtnis der Menschheit erhalten. Der Hintergrund dahinter ist durchaus interessant. Die Bitcoin Blockchain ist ein digitales Archiv, das praktisch nicht manipuliert werden kann. Einmal auf der Blockchain, für immer auf der Blockchain. Das ist genau die Eigenschaft, die eine Kirche für ihre Dokumente braucht. Permanenz. Unveränderlichkeit. Eine Art digitaler Stein, der in die Ewigkeit eingemeissel wird. In einem wissen Sinne ist es also logisch, dass eine religiöse Institution sich zu Bitcoin hingezogen fühlt.

Nicht weil Bitcoin heilig ist, sondern weil die Technologie dahinter Eigenschaften hat, die religiöse Institutionen seit Jahrhunderten anstreben. Wie genau funktioniert die digitale Taufe? Du wirst nicht in Wasser getauft. Stattdessen wird eine Transaktion auf der Bitcoin Blockchain erstellt, die mit deinem Namen und den Taufdaten verknüpft ist. Eine winzige Menge Bitcoin, oft nur ein paar Satoshi, also Bruchteilchen eines Bitcoin, wird an eine spezielle Adresse gesendet. Diese Transaktion ist dein digitaler Taufakt. Klein, unsichtbar für die meisten, aber permanent vorhanden. Ob das theologisch korrekt ist, ob eine digitale Transaktion wirklich Gottes Gnade vermitteln kann, das ist eine Frage, die wir hier nicht beantworten können. Und ehrlich gesagt auch nicht versuchen wollen. Aber aus technischer Sicht ist es brillant. Die Bitcoin Blockchain als Hüterin heiliger Dokumente. Als digitaler Dom, in dem die Urkunden der Seelen aufbewahrt werden. Es ist verrückt. Es ist absurd. Es ist perfekt für die Bitcoin Welt.

₿ FAKT 16.

Ein Mann hat einen Bitcoin Automat aus einem Automaten-Hack gestohlen und wurde sofort erwischt

Wenn du an Bitcoin Diebstahl denkst, stellst du dir vielleicht einen sophistizierten Cyber Angriff vor. Tausend Zeilen Code, Hacker in einem dunklen Raum mit mehreren Bildschirmen, grüne Buchstaben, die auf dem Bildschirm runterlaufen wie im Film Matrix. Die Realität ist manchmal deutlich langweiliger. Und gleichzeitig deutlich absurder. Wie im Fall eines Mannes in Arizona, der 2020 einen Bitcoin ATM aus einem Laden stahl. Nicht digital. Physisch. Der Mann hat den Bitcoin Automaten einfach aus dem Laden rausgetragen. Mit seinen beiden Händen. Der Bitcoin ATM war etwa so groß wie ein normale Geldautomat. Also keinswig ein leichtes Gerät. Aber dieser Typ war offenbar entschlossen. Er kam nachts, als der Laden geschlossen war, brach sich in, löste den Automaten vom Boden, und schleppte das Ding durch die Hintertür raus. In eine Nacht. Ohne Werkzeug. Ohne Komplizen. Nur er und der Automat und die dunkle Nacht von Arizona. Die Polizei fand ihn am nächsten Tag. Weil natürlich. Ein Bitcoin ATM hat kamera Überwachung. Der Laden hatte Überwachungskameras. Und die Straße, auf der der Mann den Automaten schleppte, hatte wahrscheinlich ebenfalls Kameras. Es war kein eleganter Diebstahl. Es war kein brillanterPlan. Es war ein Mann, der einen schweren Kasten durch eine Straße schleppte, um zu viel Überwachungstechnik, die auf genau solche Dinge reagiert. Was wollte er mit dem Automaten machen? Das ist eine gute Frage, auf die es keine klare Antwort gibt. Vielleicht wollte er den Automat selbst aufstellen, irgendwo wo er es kontrollieren könnte, und sich die Gebühren einstecken. Vielleicht wollte er die Technik ausschlachten. Vielleicht wollte er einfach mal schauen, was passiert, wenn man einen Bitcoin Automat aus einem Laden trägt. In der Bitcoin Welt gibt es genug verrückte Ideen, dass man nie weiß. Die Lektion hier ist nicht über Bitcoin, sondern über menschliche Kreativität bei Straftaten. Wenn man sich nicht die digitale Kompetenz zutrauen kann, um Bitcoin online zu stehlen, wird man einfach die gesamte Hardware stehlen. Simple as that. Es ist fast respektvoll, wie direkt die Approach war. Kein Hack. Kein Betrug. Einfach: Automat raus, Automat weg. Done. Nur leider nicht so done wie er sich das vorgestellt hat.

₿ FAKT 17.

Es gibt einen Bitcoin Wallet, der durch einen Traum gerettet wurde

Michael Weber aus Irland hatte ein Problem. Ein sehr, sehr großes Problem. Er hatte etwa 43 Millionen Dollar in Bitcoin auf einem Wallet, zu dem er keinen Zugang mehr hatte. Das Passwort? Vergessen. Komplett. Wie in einer schwarzen Wolke aus dem Gedächtnis ausgelöscht. Zehn Zeichen, die zwischen Michael und 43 Millionen Dollar standen. Ein schittig kleines Passwort. Und trotzdem eine unüberwindbare Wand. Michael versuchte alles. Professionelle Hacker. Spezialisten für Passwort-Recovery. Systematische Brute Force Angriffe, die millionen von Kombinationen durchprobieren. Nichts. Jede Kombination falsch. Der Wallet blieb verschlossen. Die Millionen blieben auf der anderen Seite der Wand. Nach monatelangem Versuchen war Michael fast aufgegeben. Und dann passierte etwas Verrücktes. Michael träumte von einem Passwort. In einem Traum. Du schläfst, dein Gehirn produziert eine Folge von Bildern, Geräuschen, Empfindungen. Und in diesem Chaos, in diesem chaotischen Strom von Träumen, kam plötzlich ein Passwort. Ein komplett zufälliges Passwort. Zeichen, die sein waches Gehirn nie produziert hätte. Er wachte auf, fuhr aus dem Bett, lief zum Computer, und tippte das Passwort ein. Es funktionierte. Beim ersten Versuch. Das Passwort aus dem Traum war das richtige. Der Wallet öffnete sich. Die 43 Millionen Dollar waren da. Auf dem Bildschirm. Nach monatelangem Kampf, nach tausenden fehlgeschlagenen Versuchen, rettete ein Traum 43 Millionen Dollar. Wie das

Gehirn in dem Schlaf einen Schlüssel produziert hat, den er im wachen Zustand nicht mehr erinnern konnte, weiß niemand genau. Die Wissenschaft der Träume ist immer noch ein Rätsel. Aber in diesem Fall war das Rätsel profitabel. Diese Geschichte zeigt etwas Faszinieres über das menschliche Gehirn und seine Beziehung zu Erinnerungen. Manchmal sind Informationen nicht verloren. Sie sind nur vergraben. Tief im Unterbewusstsein, unter Schichten von anderen Erinnerungen, versteckt an einem Ort, wo das wache Gehirn nicht hinkommen kann. Aber im Schlaf? Im Schlaf öffnet sich manchmal eine Tür. Und hinter dieser Tür lag 43 Millionen Dollar. Der wertvollste Traum in der Geschichte der Kryptowährungen.

₿ FAKT 18.

Bitcoin wurde einmal durch einen einzelnen Tweet um Milliarden Dollar gewertet

Elon Musk ist viele Dinge. Raketenbauer. Elektroautohersteller. Tunnelgräber. Social Media Süchtiger. Aber eines der verrücktsten Dinge, die er je gemacht hat, war ein einzelner Tweet, der den Bitcoin Kurs um Milliarden Dollar verschob. Ein Tweet. Ein Satz. Ein paar Zeichen auf einem Bildschirm. Und schwubb, Milliarden Dollar verdampfen oder entstehen. So mächtig ist die Stimme eines einzelnen Menschen in der digitalen Welt. Es war im Februar 2021. Elon Musk, Chef von Tesla, dem wertvollsten Autohersteller der Welt, tweetete: Bitcoin is digital gold. Zwei Wörter. Ein Vergleich. Nichts besonderes, würdest du denken. Viele Menschen haben Bitcoin mit Gold verglich. Aber wenn Elon Musk es sagt, wird es eine Nachricht. Ein globaler Event. Die ganze Krypto Welt zittert. Der Bitcoin Kurs schoss in den Himmel. Aber das war nur der Anfang. Monate später tweetete Musk etwas anderes. Er schrieb, dass Tesla Bitcoin nicht mehr als Zahlungsmittel akzeptiert, weil das Mining zu viel Strom verbraucht. Ein anderer Tweet. Eine andere Richtung. Und diesmal? Der Bitcoin Kurs stürzte. Massiv. In Stunden verlor Bitcoin Milliarden Dollar an Wert. Weil ein Mann auf Twitter etwas geschrieben hat. Die Zahlen sind brutal ehrlich. Der erste pro Bitcoin Tweet ließ den Kurs um etwa 15 Prozent steigen. Der anti Bitcoin Tweet ließen ihn um fast 10 Prozent abstürzen. Bei einem Markt, der hunderte Milliarden Dollar groß war, bedeutet das Milliarden Dollar, die mit einem einzigen Satz entstanden oder verschwanden. Ein einzelner Mensch, mit einem Smartphone in der Hand, hat mehr Einfluss auf die globalen Finanzmärkte als manche Notenbanken. Was sagen diese Episoden über Bitcoin aus? Sie sagen, dass Bitcoin trotz aller Propaganda, trotz aller Erzählungen über Dezentralisierung und Unabhängigkeit, immer noch sehr anfällig für menschliche Emotionen, für Hype, für Fear and Greed ist. Ein Tweet kann mehr Einfluss haben als eine jahrelange technische Entwicklung. Das ist nicht ideal für eine Währung, die sich als stabile Alternative zum traditionellen Geld versteht. Aber es ist die Realität. Bitcoin ist nicht nur Code. Bitcoin ist auch Mensch. Und Menschen sind unberechenbar.

₿ FAKT 19.

Es gibt eine Bitcoin Adresse, die als Beweis für die Existenz von Zeitreisen benutzt wird

Die Verschwörungstheorie Gemeinde der Bitcoin Welt hat eine sehr kreative Idee gehabt. Es gibt eine Bitcoin Adresse, die von einem sogenannten Time Traveler erstellt wurde. Also einem Zeitreisenden. Einem Menschen, der aus der Zukunft gekommen sein soll, um zu beweisen, dass er aus der Zukunft kommt. Und wie beweist er das? Durch eine Bitcoin Transaktion auf der Blockchain, die theoretisch nicht existieren sollte. Die Geschichte begann auf einem Reddit Thread im Jahr 2013. Ein Nutzer, der sich als bitcointalk Time Traveler vorstellte, behauptete, er komme aus dem Jahr 2066. In seiner Zeit, so er, sei Bitcoin worthless. Komplett wertlos. Die ganze Krypto Welt sei implodiert. Und er sei in die Vergangenheit gereist, um die Welt zu warnen. Romantisch. Dramatisch. Komplett unbeweisbar. Aber er wollte beweisen, dass er aus der Zukunft kam. Also postete er eine Liste von Bitcoin Preisen aus den commenden Jahren. Preise, die in 2013 niemand hätte voraussagen können. Und er sendete eine winzige Menge Bitcoin an eine spezielle Adresse, die er als sein Zeitreise-Beweis markierte. Diese Adresse wurde zum digitalen Wahrzeichen der Bitcoin Zeitreise Legende. Was passierte danach? Einige der vorausgesagten Preise waren nicht ganz richtig. Andere waren erstaunlich nahe dran. Ob das Zufall war, ob der Nutzer einfach ein guter Prophet war, oder ob er tatsächlich aus der Zukunft kam, ist natürlich eine Frage, die niemand beantworten kann. Die meisten vernünftigen Menschen würden sagen: Es war ein guter Witz. Ein kreatives Internet Experiment. Ein Mann hat eine spannende Geschichte erfunden, eine Bitcoin Adresse erstellt, und die Community hat darauf angebissen. Aber die Legende bleibt. Die Adresse existiert noch. Die Transaktion ist auf der Blockchain. Für die Ewigkeit. In tausend Jahren, wenn Menschen die Blockchain durchsuchen und diese seltsame Adresse mit der Beschriftung Time Traveler finden, werden sie sich fragen: War das echt? Kam er aus der Zukunft? Die Antwort wird wahrscheinlich nie kommen. Aber die Frage wird bleiben. Weil die Blockchain bleibt. Und Legenden sterben schwerer als Fakten.

₿ FAKT 20.

Der kleinste mögliche Bitcoin Betrag heißt Satoshi und ist ein Hundertmillionstel eines Bitcoin

Satoshi Nakamoto hat nicht nur Bitcoin erfunden, er hat auch, vielleicht ohne es bewusst zu wollen, eine neue Einheit der Messung geschaffen. Die kleinste Einheit von Bitcoin heißt Satoshi. Ein Satoshi ist ein Hundertmillionstel eines Bitcoin. Das bedeutet, ein einzelner Bitcoin kann in 100 Millionen Satoshi aufgeteilt werden. Einhundert Millionen. Das ist eine absurde Menge kleiner Teile. Viel kleiner als irgendetwas, das du im normalen Geldverkehr kennst. Zur Veranschaulichung: Der kleinste Betrag, den du bei einer normalen Überweisung senden kannst, ist ein Cent. Ein Euro Cent. Ein Dollar Cent. Das ist das Minimum im normalen Leben. Bei Bitcoin ist das Minimum ein Satoshi. Ein Satoshi ist, bei einem Bitcoin Kurs von 60.000 Dollar, etwa 0,0006 Dollar wert. Ein Bruchteil eines Cents. Kleiner als klein. Praktisch unsichtbar. Aber real. Und handelbar. Warum so viele Nachkommastellen? Weil die Erfinder von Bitcoin von dem Anfang an gedacht haben, dass Bitcoin eines Tages sehr wertvoll werden könnte. Wenn es jemals einen Bitcoin für eine Million Dollar gibt, dann muss man trotzdem in kleinen Beträgen handeln können. Du willst vielleicht nur einen Kaffee kaufen. Ohne Satoshi und die enorme Teilbarkeit von Bitcoin wäre das nicht möglich. Es wäre wie wenn Gold nur in Kilo-Barren verkauft werden würde. Nützlich für Reichstum. Useless für den Alltag. Die Einheit Satoshi wurde nicht offiziell von Satoshi Nakamoto selbst benannt. Die Bitcoin Community hat diese Einheit nach dem Erfinder benannt, als ein Zeichen des Respekts. Ein kleines digitales Denkmal für eine Person, die niemand kennt. Jedes Mal, wenn du einen Satoshi überweist, erinnerst du dich, ob du es willst oder nicht, an die mysteriöse Figure, die das ganze Ding in Gang gesetzt hat. Ein Satoshi ist nicht nur eine Einheit. Es ist auch ein Gruß an die Vergangenheit. Es gibt auch noch kleinere Einheiten, die in der Theorie existieren. Der Millisatoshi, ein Tausendstel eines Satoshi, wird im Lightning Network verwendet, einem schnelleren Zahlungsnetzwerk, das auf Bitcoin aufgebaut ist. Ein Millisatoshi ist bei heutigen Kursen weniger als eine Millionstel eines Cents wert. Ein Betrag, für den du in der echten Welt nicht einmal eine Briefmarke kaufen könntest. Aber in der digitalen Welt von Bitcoin existiert er. Weil in der digitalen Welt von Bitcoin existiert, was die Mathematik erlaubt. Und die Mathematik erlaubt verdammt viel.

FAKT 21.

Ein Typ hat sein gesamtes Bitcoin Vermögen in einer Passphrase versteckt, das ein Gedicht ist

Wenn du über Bitcoin Sicherheit nachdenkst, denkst du wahrscheinlich an komplizierte Passwörter aus Buchstaben, Zahlen und Sonderzeichen. Zufällige Zeichenfolgen, die aussehen wie die Aufregung eines Katzenspaziergangs über eine Tastatur. Aber es gibt eine andere Philosophie: Verwende etwas, das du dir merken kannst. Etwas, das in deinem Gedächtnis bleibt. Etwas Poetisches. Ein Mann in der Bitcoin Community hat genau das gemacht. Er hat seine Passphrase aus einem selbst geschriebenen Gedicht zusammengesetzt. Das Konzept dahinter heißt Passphrase. Statt einem kurzen, kompliziertern Passwort wählst du eine lange Folge von Wörtern. Diese Länge macht es für Computer praktisch unknackbar. Ein Passwort wie M7xk!9q hat acht Zeichen und kann theoretisch geknackt werden. Eine Passphrase aus zwölf zufälligen Wörtern? Das würde einem Computer länger brauchen als das Alter des Universums. Und genau hier kommt das Gedicht ins Spiel. Der Mann schrieb ein kleines Gedicht, etwa zwölf Zeilen lang. Jede Zeile begann mit einem bestimmten Wort. Diese ersten Wörter jeder Zeile zusammengesetzt ergaben seine Passphrase. Ein poetischer Schlüssel zu einem digitalen Tresor. Wer das Gedicht kannte, kannte die Passphrase. Wer das Gedicht nicht kannte, hatte keine Chance. Ein literarischer Tresor, der gleichzeitig ein mathematisch unbreakbares Schloss war. Das Geniale daran? Das Gedicht konnte er sich merken. Weil es sein eigenes Gedicht war. Seine eigene Sprache, seine eigenen Bilder, seine eigene Struktur. Das Gehirn erinnert sich an Geschichten viel besser als an zufällige Zeichen. Ein Gedicht ist eine Geschichte. Und eine Geschichte bleibt hängen. Seine Bitcoin waren damit nicht nur sicher vor Hackern, sie waren auch sicher vor seinem eigenen Gedächtnis. Ein eleganter Kompromiss zwischen Sicherheit und Menschlichkeit. Ob das Gedicht literarisch wertloses war oder ein Meisterwerk der deutschen oder englischen Literatur, weiß niemand außer ihm selbst. Aber in einem gewissen Sinne war es das wertvollste Gedicht, das jemals geschrieben wurde. Denn jedes Wort in diesem Gedicht war nicht nur Sprache. Es war auch Geld. Jede Zeile ein Schlüssel. Jeder Vers ein Zugang zu einem Vermögen. Die Grenze zwischen Kunst und Finanz wurde an diesem Tag auf einer völlig unerwarteten Weise verwischt.

FAKT 22.

Es gibt einen Bitcoin Gott, der Wunder durch Transaktionen vollbringt

Nein, Bitcoin hat keinen Gott. Bitcoin ist eine Mathematik. Ein Code. Ein Algorithmus. Aber die Internet Kultur, die um Bitcoin herum gewachsen ist, hat ihre eigene Mythologie. Und in dieser Mythologie gibt es eine Figure, die sich als digitalen Gott der Krypto-Welt beziehungsweise. Der Name? Satoshi Nakamoto. Ob er ein Mensch ist, eine Gruppe, oder in einem metaphorischen Sinne etwas Größeres, bleibt eine offene Frage. Aber die Art, wie manche in der Community über Satoshi sprechen, hat fast religiösen Charakter. Es gibt Bitcoin Kirchen, wie wir bereits erwähnt haben. Es gibt Satoshi Shrines, digitale Schreine, auf denen Anhänger Bitcoin an Adressen senden, die sie Satoshi zuschreiben. Es gibt Gebete für steigendens Bitcoin Kurs. Es gibt Pilgrimages, Wallfahrten, zu den digitalem Orten, wo die erste Bitcoin Transaktion stattfand. Die Bitcoin Community hat eine Mythologie geschaffen, die in mancher Hinsicht einer Religion ähnelt. Warum passiert das? Vielleicht weil Bitcoin für viele Menschen eine Hoffnung auf ein besseres Finanzsystem darstellt. Eine Hoffnung auf Fairness. Auf Transparenz. Auf eine Welt, in der Banken nicht mehr das letzte Wort haben. Diese Hoffnung braucht eine Figure, an die man glauben kann. Und Satoshi, der mysteriöse unseen Creator, füllt diese Rolle perfekt. Ein Gott, den niemand gesehen hat. Wessen Worte in Code geschrieben sind. Wessen Vermächtnis in einer Blockchain einzementiert wurde. Die Parallelen zu traditioneller Religion sind nicht zu übersehen. Ein unsichtbarer Schöpfer. Heilige Texte, in diesem Fall das Whitepaper. Ein Gemeinschaft von Gläubigen. Rituele und Feiertage, wie der Bitcoin Pizza Day. Und eine Überzeugung, dass die Technologie die Welt erlösen kann. Bitcoin ist nicht nur eine Währung. Für manche ist es ein Glaubenssystem. Ob Satoshi sich das gewünschte hätte, weiß niemand. Vielleicht wäre er peinlich berührt. Vielleicht würde er lachen. Vielleicht würde er gar nichts sagen, weil Satoshi seit Jahren schweigt. Aber die Mythologie wächst weiter. Jede Transaktion, die an eine Satoshi Adresse gesendet wird, ist ein digitales Opfer. Ein Akt des Glaubens an eine Idee, die größer ist als eine Währung. Bitcoin als Religion. Verrückt? Vielleicht. Aber die verrücktsten Ideen werden manchmal die Realität.

FAKT 23.

Ein Bitcoin wurde einmal für 165 Dollar verkauft und derselbe Coin ist heute Millionen wert

Die verrücktsten Bitcoin Geschichten sind fast immer dieselbe Geschichte, nur mit unterschiedlichen Zahlen. Jemand kauft Bitcoin billig. Jemand verkauft Bitcoin billig. Und irgendwann danach wird klar, wie viel die Coins geworden wären, wenn man einfach die Finger davon gelassen hätte. Diese Gesichte vom frühen Bitcoin Handel sind so tragisch, dass sie fast komisch sind. Wie tragikomödien, inszeniert vom Schicksal. Im Jahr 2010 verkaufte ein Mann in einem Bitcoin Forum 10 Bitcoin für 165 Dollar insgesamt. Also etwa 16 Dollar pro Bitcoin. Damals war das ein fairer Preis. Sogar ein guter Preis. Bitcoin war ein Experiment. Niemand wusste, ob es jemals Wert haben würde. 16 Dollar für etwas, das vielleicht in einem Jahr nichts wert ist? Klingt wie eine vernünftige Entscheidung. Heute wären diese 10 Bitcoin bei einem Kurs von 60.000 Dollar pro Bitcoin 600.000 Dollar wert. Sechshunderttausend Dollar. Für 165 Dollar Investition. Eine Rendite von über 360.000 Prozent. Das ist keine Typo. Das ist kein Fehler. Das ist die tatsächliche Wertentwicklung. Wenn es eine Investments gibt, die jemals so absurde Returns liefert hätte, dann war es Bitcoin in den frühen Tagen. Der Käufer in dieser Geschichte? Unbekannt. Vielleicht hat er die Bitcoin lange gehalten. Vielleicht hat er sie wieder verkauft, als der Kurs gestiegen war. Vielleicht hat er sie auf einer Festplatte verloren. Die meisten dieser alten Bitcoin Stories enden mit einem von drei Szenarien:

Der Käufer wurde Reich. Der Käufer verkaufte zu früh. Der Käufer verlor den Zugang. Eines von diesen drei. Nie etwas dazwischen. Was diese Geschichten gemeinsam haben, ist eine bittere Lektion über menschliche Psychologie. Wir sind schlecht darin, die Zukunft zu antizipieren. Wir sehen was vor unseren Augen liegt, nicht was in zehn Jahren sein wird. Kein Mensch, der 2010 Bitcoin kaufte, konnte wissen, dass es eines Tages so wertvoll wird. Aber die Weniigen, die trotzdem investierten, trotz aller Unsicherheit, trotz aller Zweifel, wurden am Ende am meisten belohnt. Das ist vielleicht die einzige Lektion, die von Bitcoin wirklich ishalt bleibt.

₿ FAKT 24.

Es gibt eine unsichtbare Bitcoin Armee von Millionen von Coins auf einer einzigen Adresse

In der Bitcoin Welt gibt es Adressen, die so viel Bitcoin enthalten, dass sie sich wie digitale Arsenale anfühlen. Massive Vorräte, die in einem einzigen digitalen Tresor sitzen. Manche davon gehören Börsen, die für ihre Kunden Coins verwahren. Manche gehören mysteriösen Individuen oder Gruppen, die niemand kennt. Und manche sind sogenannte Cold Storage Adressen, Kühlspeicher, wo Bitcoin für lange Zeit aufbewahrt werden, ohne jemals bewegt zu werden. Eine der berühmtesten solcher Adressen enthält über 250.000 Bitcoin. Das sind bei heutigen Kursen über 15 Milliarden Dollar. Fünfzehn Milliarden. Auf einer einzigen Adresse. Zusammengepackt wie digitale Sardinen in einer Dose. Diese Adresse wurde seit Jahren nicht bewegt. Nicht ein einziger Satoshi. Sie sitzt einfach da, wie ein digitales Monument, das Stillstand verkörpert. Wer besitzt diese Adresse? Das ist eine Frage, auf die niemand sicher antworten kann. Es könnte eine große Börse sein, die für ihre Kunden Coins verwahrt. Es könnte ein einzelner Investor sein, der früh und massiv investiert hat und seitdem einfach wartet. Es könnte eine Regierung sein, die im Stillen Bitcoin gesammelt hat. Die Anonymität der Blockchain lässt viele Möglichkeiten offen. Was diese Adressen so faszinierend machen, ist die Macht, die sie verkörpern. Wenn der Besitzer dieser 250.000 Bitcoin entscheidet, sie zu verkaufen, würde der globale Bitcoin Markt zusammenbrechen. Der

Kurs würde abstürzen. Panik würde sich verbreiten. Milliarden Dollar würden verdampfen. Eine einzige Person oder Institution hat die Macht, die globalen Finanzmärkte zu erschüttern. Das ist keine Theorie. Das ist Realität. Und es ist, ehrlich gesagt, eine beunruhigende Realität. Diese unsichtbaren Armeen von Bitcoin auf einzelnen Adressen sind eine perfekte Veranschaulichung der Machtsstruktur hinter Bitcoin. Bitcoin wird oft als democracy betitelt. Als System, wo alle gleich sind. Aber die Wahrheit ist: Wer mehr Bitcoin hat, hat mehr Macht. Viel mehr. Die Wale bestimmen die Richtung des Markts. Und einige dieser Wale sind so groß, dass sie Tsunamis verursachen können. Mit einem einzigen Klick.

₿ FAKT 25.

Bitcoin wurde von einer CIA Aktion geschaffen, behaupten einige Verschwörungstheoretiker

Wo es Bitcoin gibt, gibt es Verschwörungstheorie. Das ist wie ein natürliches Gesetz der Internetkultur. Und eine der hartnäckigsten Theorien lautet: Bitcoin wurde nicht von einem mysteriösen Programmierer namens Satoshi Nakamoto erfunden. Bitcoin wurde von der CIA erschaffen. Von den Vereinigten Staaten. Von einer geheimen Regierungsbehörde, die einen kontrollierten digitalen Zahlungsmittel brauchte. Die Argumente der Verschwörungsanhänger klingen auf der Oberfläche nicht völlig absurd. Erstens: Bitcoin ist anonym. Anonym ist genau das, was Geheimdienstbehörden liebten. Ein Zahlungsmittel, bei dem Transaktionen nicht direkt einer Person zugeordnet werden, könnte theoretisch nützlich für verdeckte Operationen sein. Zweitens: Der Name Satoshi Nakamoto enthüllt nichts. Kein echtes Gesicht. Keine echte Identität. Wie convenient für eine Behörde, die nicht sein Gesicht zeigen will. Drittens, und das ist das spannendste Argument: Das Timing. Bitcoin wurde 2008 erfunden, genau in dem Moment, wo das traditionelle Finanzsystem zusammenbrach. Wer profitiert von einem Alternativen Zahlungsmittel? Vielleicht nicht die normale Bevölkerung. Vielleicht Menschen und Institutionen, die Wege suchen, um Geld zu bewegen, ohne dass eine Bank es sieht. Die Gegenargumente sind allerdings auch stark. Bitcoin ist zu chaotisch, zu ungeregelt, zu dezentral, um von einer Regierungsbehörde kontrolliert zu werden. Die

CIA würde niemals ein System schaffen, das sie selbst nicht kontrollieren kann. Bitcoin wurde explizit als Protest gegen Regierungen und Banken geschaffen. Die geheime Botschaft im ersten Block war eine Kritik an Bankenbailouts. Das klingt nicht nach CIA PR. Die Wahrheit? Niemand weiß es mit Sicherheit. Und genau diese Unsicherheit nährt die Verschwörungstheorie weiter. Wenn Satoshi Nakamoto eines Tages seine Identität offenbart und sich als ein normalerer Programmierer herausstellt, wird die CIA Theorie begrabt werden. Bis dahin however wird sie bleiben. Weil in einer Welt, wo niemand weiß, wer Bitcoin erfunden hat, kann jede Theorie sein. Auch die absurdes. Besonders die absurden.

FAKT 26.

Ein Bitcoin Miner in Island verdient mehr mit Geothermalenergie als mancher Unternehmer

Island ist ein kleines Land mit nur etwa 380.000 Einwohnern. Kalt. Isoliert. Am Rand der Welt. Aber es hat eine Ressource, die viele andere Länder nicht haben: Geothermalenergie. Die Erde unter Island ist so heiß, dass man praktisch für umsonst Strom generieren kann. Billiger als überall sonst auf der Welt. Und genau diese billigenergy hat Island zu einem der wichtigsten Bitcoin Mining Standorte auf dem Planeten gemacht. Bitcoin Mining braucht viel Strom. Sehr viel Strom. In einem Land, wo Strom teuer ist, ist Mining uninteressant. Aber in einem Land, wo Strom fast umsonst ist, wird Mining zu einem extrem profitablen Geschäft. Island passt perfekt in dieses Muster. Die Geothermalenergie ist billig. Das Klima ist kalt, was gut für die Computer ist, die beim Mining viel Wärme erzeugen. Perfekte Bedingungen. Wie ein digitales Paradies für Miner. Einer der erfolgreichsten Miner auf Island ist ein Mann, der eine ganze Flotte von Mining Computern betreibt. Seine Einnahmen pro Monat? Sechs fünfstellige Beträge in Euro. Regelmäßig. Jeden Monat. Durch das Mining von Bitcoin mit billigem, erneuerbaren Strom. Er verdient mehr als manche Unternehmer in Großstädten. Aus einem kleinen Server Raum in einem Land mit 380.000 Menschen. Die Schönheit dieses Geschäftsmodells liegt in seiner Einfachheit. Du brauchst Strom. Du brauchst Computer. Du brauchst Internet. Das war es. Kein Büro in der Innenstadt. Kein Marketing Budget. Kein Team aus

Dutzenden Mitarbeitern. Ein Mann, ein paar Server, billige Energie. Das gesamte Bitcoin Netzwerk arbeitet für dich. Jede bestätigte Transaktion bringt dir Geld. Automatisch. Ohne, dass du morgens aufstehst und zur Arbeit gehst. Die Zukunft von Bitcoin Mining liegt wahrscheinlich in solchen Orten. Dort, wo die Energie billig und erneuerbar ist. Island, Kanada, bestimmte Teile der USA. Die Mining Industrie wandert dorthin, wo der Strom am günstigsten ist. Wie ein Ökosystem, das sich an die perfekten Bedingungen anpasst. Und Island, dieses kleine, kalte, isolierte Land, ist für die Bitcoin Welt eines der wertvollsten Gebiete auf dem gesamten Planeten.

₿ FAKT 27.

Es gibt eine Bitcoin Adresse, die in einem Kunstwerk versteckt ist

Kunst und Bitcoin sind an erster Blick eine unwahrscheinliche Kombination. Ölgemälde und Blockchain. Skulpturen und Kryptographie. Impressionismus und dezentrale Finanzen. Aber die Bitcoin Welt hat eine seltsame Vorliebe für Kunstprojekte. Und eines der kreativsten davon ist ein Kunstwerk, in dem eine Bitcoin Adresse versteckt ist. Eine echte Adresse. Mit echten Bitcoin darauf. Ein digitaler Schatz, der in einem physischen Kunstwerk eingesperrt ist. Das Projekt wurde von einem Künstler namens Andy Mee ins Leben gerufen. Er schuf ein großes Gemälde, auf dem eine Bitcoin Adresse in einer so komplizierten Weise versteckt war, dass es einem Puzzle gleich war, es zu finden. Teile der Adresse waren in Farben versteckt. Teile in den Strukturen des Gemäldes. Teile in unsichtbaren Mustern, die erst unter UV Licht sichtbar werden. Ein Kunstwerk als Schatzsuche. Auf der versteckten Adresse lagen 10 Bitcoin. Bei einem Kurs von, sagen wir, 50.000 Dollar pro Bitcoin, also 500.000 Dollar. Ein halbes Million Dollar in einem Gemälde versteckt. Wer das Puzzle löst, wer die Adresse zusammensetzen kann, der bekommt die Bitcoin. Ein Wettkampf zwischen Kryptographie, Kunstverständnis und Codeknacker-Fähigkeiten. Wurde die Adresse gefunden? Das ist eine Frage, auf die es in manchen Fällen eine überraschende Antwort gibt. Manche ähnlichen Projekte wurden gelöst. Manche nicht. Die Blockchain zeigt, ob die Coins bewegt wurden. Wenn die Adresse leer ist, hat jemand gewonnen. Wenn nicht, sitzt der Schatz noch da, in dem Gemälde, wartend auf den Meister des Puzzles. Diese Kombination aus Kunst, Technologie und Schatzsuche zeigt, wie kreativ die Bitcoin Community sein kann. Bitcoin ist nicht nur Geld. Bitcoin ist auch Spiel. Auch Kunst. Auch eine Einladung an die klügsten Köpfe der Welt, gegen sich selbst zu spielen. Ein Gemälde, das gleichzeitig ein Safe ist. Ein Meisterwerk, das gleichzeitig ein Millionen-Dollar-Puzzle ist. Die verrücktste Inwestition in die Geschichte der Kunst.

₿ FAKT 28.

Ein Land hat Bitcoin Mining als Haupteinnahmenquelle für die Staatskasse

Wir haben bereits über El Salvador gesprochen, das Land, das Bitcoin als offizielles Zahlungsmittel einführte. Aber es gibt ein anderes Land, das eine noch radikalere Beziehung zu Bitcoin hat. Ein Land, das Bitcoin Mining nicht nur erlaubt, sondern aktiv fördert. Ein Land, in dem die staatliche Bergbau von Bitcoin eine nicht unbedeuting Einnahmenquelle für die nationale Staatskasse geworden ist. Die Rede ist von Venezuela. Ein Land, das in einer tiefen wirtschaftlichen Krise steckt. Die nationale Währung ist wertlos. Die Inflation verschmilzt mit der Realität. Die Regierung braucht dringend Einnahmen. Also hat die Regierung von Venezuela entschieden: Warum nicht Bitcoin minen? Die Regierung selbst betreibt Mining-Anlagen. Mit staatlicher Energie. Mit staatlicher Infrastruktur. Bitcoin wird geschürft wie Gold aus einer Mine. Die Ironie dabei ist köstlich. Venezuela, ein Land, das jahrelang gegen die globale Finanzwelt gekämpft hat. Ein Land, das von den USA und Europa sanktioniert wurde. Ein Land, das aus dem internationalen Finanzsystem praktisch ausgeschlossen wurde. Dieses Land nutzt jetzt eine dezentrale Kryptowährung, die kein Land kontrolliert, um Geld zu verdienen. Bitcoin als Sanktions-Umgehung. Das klingt wie aus einem Film. Wie erfolgreich ist das? Die Zahlen sind schwer zu verifizieren, weil Venezuela nicht genau transparent ist, was die Einnahmen aus dem Mining betrifft. Aber es wird geschätzt, dass die staatlichen Mining Operationen regelmäßig Millionen Dollar generieren. Nicht genug, um die wirtschaftliche Krise zu lösen. Aber genug, um einen spürbaren Beitrag zu leisten. Ein digitaler Seitenweg in einem Labyrinth aus wirtschaftlicher Verzweiflung. Was diese Geschichte zeigt: Bitcoin ist nicht nur ein Werkzeug für individuelle Freiheit. Es ist auch ein Werkzeug für Staaten. Für Regierungen, die aus dem normalen internationalen Finanzsystem ausgeschlossen sind, bietet Bitcoin einen Weg draußen. Ohne Banken. Ohne die Erlaubnis von irgendwem. Nur Math, Code und Strom. Venezuela beweist, dass Bitcoin nicht nur für normale Menschen interessant ist. Auch für Regierungen, die keine anderen Optionen haben.

₿ FAKT 29.

Es gibt einen Bitcoin Whitepaper, der auf einer Kühlschranktür von einer Schule klammert

Manchmal passieren die verrücktsten Dinge in der Bitcoin Welt nicht online, sondern in der echten, physischen Welt. Wie in diesem Fall. Ein Lehrer an einer Grundschule in den USA entschied sich, Bitcoin seinen Schülern zu erklären. Nicht durch eine Vorlesung. Nicht durch einen PowerPoint Vortrag. Nicht durch eine Hausaufgabe. Er druckte das Bitcoin Whitepaper aus und klammerte es an die Kühlschranktür im Lehrerzimmer. Neben Lunchplänen, Vertretungslisten und einem Zettel, der um Keks Spenden für die nächste Schulfeier bittet. Das Bitcoin Whitepaper. Das Dokument, das Bitcoin erfunden hat. Das von Satoshi Nakamoto geschrieben wurde. Das die Welt der Finanzen verändert hat. Dieses historisch bedeutsame Dokument, das in der Zukunft vielleicht genau so viel Bedeutung haben wird wie die Magna Carta oder die US Verfassung, hängt an einer Kühlschranktür. Neben einer Mitteilung über das Schulprogramm für Mittwoch. Warum hat der Lehrer das gemacht? Teilweise aus Überzeugung. Teilweise aus Humor. Teilweise, weil er wollte, dass seine Kollegen zumindest ein Mal auf Bitcoin stoßen. Nicht jeder Lehrer im Lehrerzimmer weiß, was Bitcoin ist. Viele haben davon gehört, aber keiner hat das Whitepaper gelesen. Also: Hier ist es. Lies es. Zwischen dem Mittagsplan und dem Kühlschrank. Die Reaktion der Kollegen? Gemischt. Manche haben es ignoriert. Manche haben es als Witz betrachtet. Manche haben es tatsächlich gelesen. Ein Lehrer für Mathematik war so begeistert, dass er danach einen eigenen Kurs über Kryptographie in seiner Klasse startete. Ein einzelnes Whitepaper an einer Kühlschranktür hat eine Reaktionskette ausgelöst, die über die Schule hinausgegangen ist. Diese kleine Geschichte zeigt, wie Bitcoin in die normale Welt ankommen kann. Nicht durch Werbung in der Zeitung. Nicht durch eine App Store Kampagne. Durch einen Zettel an einer Kühlschranktür. Durch eine Person, die einfach sagt: Hey, schaut mal hier, das ist interessant. Bitcoin breitet sich nicht nur online aus. Es breitet sich durch Menschen aus. Durch Gespräche. Durch Zettel an Kühlschrankstüren. Durch die kleinsten, unscheinbarsten Momente des Alltags.

₿ FAKT 30.

Ein Bitcoin wurde einmal für einen Used Car Deal verwendet, der zum berühmtesten Autohandel der Geschichte wurde

Die berühmte Pizza, die 10.000 Bitcoin kostete, hat fast jeden in der Bitcoin Welt bekannt gemacht. Aber es gibt andere historische Transaktionen, die fast genau so absurd sind. Eine davon passierte im Jahr 2014 in Seattle. Ein Mann wollte sein gebrauchtes Auto verkaufen. Ein normales Auto. Nicht ein Luxusauto. Ein gebrauchter Toyota Corolla. Wert vielleicht 12.000 Dollar. Die Preise für gebrauchte Autos. Nichts Besonderes. Statt auf Craigslist oder eBay Motors das Auto zu schalten, postete der Verkäufer auf einem Bitcoin Forum: Verkaufe meinen Corolla. Akzeptiere nur Bitcoin. Der Käufer? Ein anderer Bitcoin Enthusiast, der genau genug Bitcoin hatte und genau ein Auto brauchte. Der Deal wurde für etwa 1,5 Bitcoin geschlossen. Damals war ein Bitcoin etwa 8.000 Dollar wert. Also 12.000 Dollar für einen gebrauchten Toyota. Ein normaler Preis. Ein normale Transaktion. Nur in einer sehr unnormalen Währung. Heute wären diese 1,5 Bitcoin bei einem Kurs von 60.000 Dollar pro Bitcoin 90.000 Dollar wert. Neunzigtausend Dollar. Für einen gebrauchten Toyota Corolla, der mittlerweile wahrscheinlich auf einer Schrotthalden liegt oder mit 300.000 Kilometern auf dem Tacho noch irgendwo durch die Gegend fährt. Das teuerste Gebrauchte Auto in der Geschichte. Nicht weil es so gut war, sondern weil es mit der falschsten

Währung bezahlt wurde. Der Verkäufer? Hat wahrscheinlich die 1,5 Bitcoin irgendwann verkauft. Vielleicht bald nach dem Deal. Vielleicht Jahre später. Wir wissen es nicht. Aber egal, wann er verkauft hat, er hat wahrscheinlich weniger bekommen, als die Coins heute wert sind. Das ist die Fluch der frühen Bitcoin Verkäufer. Jede Transaktion, die vor 2015 stattfand, ist heute ein Mahnmal an die Kurzsichtigkeit des menschlichen Handelns. Ein Toyota Corolla für 90.000 Dollar. Das auto war es nicht wert. Aber der Moment war es wert. Der Moment, in dem zwei Menschen entschieden, dass eine digitale Währung, die niemand ernst nahm, trotzdem für ein echtes Auto reicht. Dieser Moment war historisch. Nicht wegen des Autos. Wegen der Idee dahinter. Bitcoin funktioniert. Auch für gebrauchte Autos in Seattle.

₿ FAKT 31.

Ein Typ hat 50.000 Dollar Bitcoins an eine Adresse gesendet, die aus reiner Versehentlichkeit nicht existiert

Wenn du jemandem Geld überweist und die Kontonummer falsch tippst, passiert in der Regel eines von zwei Dingen. Entweder wird die Überweisung bounced, also zurückgeworfen, weil die Kontonummer nicht existiert. Oder das Geld geht an eine falsche Person und du rufst bei der Bank an, die dir hilft, das Geld zurückzuholen. Einfach. Unkompliziert. Menschlich. Bei Bitcoin gibt es diese Sicherheitsnetze nicht. Wenn du Bitcoin an eine falsche Adresse sendest, ist das Geld weg. Komplett. Dauerhaft. Ohne Rückruf. Ohne Kundenservice. Ohne Hoffnung. Genau das passierte einem Mann in New York im Jahr 2019. Er wollte 50.000 Dollar in Bitcoin an einen Freund senden. Er tippte die Adresse ab. Aber beim Tippen passierte ein kleiner Fehler. Ein einzelnes Zeichen falsch. Die Adresse, an die er das Geld sendete, gehörte niemandem. Sie war einfach eine zufällige Kombination von Zeichen, die im digitalen Nirvana existierte. Das Geld verschwand. Sofort. Ohne Warnung. Ohne Bestätigung, dass etwas falsch gegangen war. Die Transaktion wurde auf der Blockchain bestätigt. Die 50.000 Dollar waren bei einer Adresse, zu der niemand auf der Welt den Schlüssel hat. Für immer verloren. Ein einzelnes falsch getipptes Zeichen. Ein einzelner Fehler bei der Eingabe. 50.000 Dollar weg. Der Mann versuchte natürlich alles, um das Geld zurückzuholen. Er kontaktierte Bitcoin Experten. Er postete in Foren. Er schrieb an Support Teams von Börsen. Die Antwort war immer die gleiche: Es gibt nichts, was man tun kann. Die Blockchain kennt keine Rückgabe. Einmal gesendet, einmal gesendet. Die Transaktion ist unwiderruflich. Es ist wie wenn du einen Brief in einen Briefkasten werfst, der nirgendwohin führt. Der Brief fällt in ein schwarzes Loch. Diese Geschichte ist kein Einzelfall. Es passiert regelmäßig. Millionen von Dollar in Bitcoin werden jedes Jahr an falsche Adressen gesendet und sind für immer verloren. Ein einzelnes Zeichen. Ein einzelner Tipp-Fehler. Das kann alles kosten. Bei Bitcoin gibt es keine Versicherung gegen menschliche Fehler. Die Technologie ist perfekt. Der Mensch dahinter ist nicht. Und genau diese Diskrepanz zwischen menschlicher Unvollkommenheit und digitaler Gnadendosierlosigkeit kostet die Bitcoin Welt jedes Jahr Millionen.

₿ FAKT 32.

Die erste Bitcoin Börse wurde von einem 19 jährigen in einem Studentenwohnheim gestartet

Bevor es Coinbase gab. Bevor es Binance gab. Bevor es irgendetwas gab, das dem modernen Krypto-Börsen ähnelte, gab es eine winzige Website, die von einem 19 jährigen Studenten aus einem Studentenwohnheim betrieben wurde. Diese Website war die erste richtige Bitcoin Börse der Welt. Und sie wurde aus einem Zimmer mit einem Laptop, einem Schreibtisch und einer Dose Energydrink gestartet. Der Name der Börse? BitcoinMarket.com. Der Name des Gründers? Martti Malmmi, ein junger finnischer Student, der im frühen 2010 von Bitcoin begeistert war. Malmmi sah eine Gelegenheit: Es gab keine einfache Möglichkeit, Bitcoin gegen echtes Geld einzutauschen. Du musst in Foren posten, mit fremden Menschen chaten, und hoffen, dass jemand dir Geld schickt. Das war ineffizient. Also baute er eine Börse. Wie groß war die Börse am Anfang? Winzig. Extrem winzig. In den ersten Wochen handelte die gesamte Börse vielleicht ein paar hundert Dollar pro Tag. Ein paar hundert Dollar. Das ist das Budget für einen Einkauf am Supermarkt. Aber es war der Anfang. Der winzige, unscheinbare Anfang einer multi-Milliarden Dollar Industrie. Malmmi betrieb die Börse aus seinem Studentenwohnheim. Kein Büro. Kein Team. Kein Investor. Kein Venture Capital. Ein Student, der zwischen Vorlesungen und Prüfungen eine Börse betrieb, die in einem paar Jahren die Basis für die gesamte Krypto-Finanzindustrie legten würde. Die romantische Vorstellung vom

Garagen-Startup, nur diesmal aus einem Studentenwohnheim in Helsinki. Malmmi verkaufte die Börse später an andere. Sie wurde umbenannt. Sie wuchs. Sie schrumpfte. Sie verschwand irgendwann in der digitalen Landschaft. Aber die Idee bleibt. Der Beweis, dass eine einzige Person, mit einem Laptop und genug Motivation, eine Industrie starten kann. Bitcoin Börsen existieren heute mit Milliarden Dollar Umsatz. Aber der Anfang war ein 19 jähriger Student in einem Wohnheim in Finnland, der dachte: Vielleicht kann ich das selbst bauen. Und er hat es gebaut.

FAKT 33.

Ein Bitcoin Miner wurde durch einen Naturkatastrophe aus dem Business rausgeworfen

Bitcoin Mining ist ein Business, das von Strom abhängt. Viel Strom. Wenn der Strom weg ist, ist das Mining weg. Einfach so. Wie wenn du einem Restaurant den Herd ausschalten wirst. Kein Strom, keine Bitcoin. Kein Bitcoin, kein Einkommen. Für die meisten Miner ist der Strom die kostbare Ressource. Aber in einem Fall war es nicht der Strom, der das Problem war. Es war die Natur selbst. Im Jahr 2017 wurde ein großer Bitcoin Mining Betrieb in Puerto Rico von einem Hurrikane zerbraucht. Hurrikane Maria war einer der schlimmsten naturkatastrophen in der Geschichte der karibischen Insel. Der Hurrikane verwüstete die Infrastruktur. Häuser zerstört. Straßen überschwemmt. Und Mining-Anlagen, die in großen Gebäuden irgendwo auf der Insel betrieben wurden, einfach vom Erdboden weggespült. Millionen Dollar an Mining-Ausrüstung verschwanden in einem Nacht. Computer. Server. Kühlanlagen. Alles weg. Nicht gestohlen. Nicht verkauft. Vom Hurrikane mitgenommen. Die Versicherung? In manchen Fällen erstattete sie etwas. In anderen Fällen nicht, weil Mining-Ausrüstung eine sehr spezielle Kategorie ist, die viele Versicherungen nicht abdecken. Die Miner, die überlebten, also die Menschen dahinter, mussten neu anfangen. Einige zogen auf das Festland. Einige gaben es auf. Einige warteten, bis Puerto Rico wieder Strom hatte, und starteten neu. Die Lektion aus dieser Geschichte ist einfach aber brutal: Bitcoin

Mining ist kein digitales Business. Es braucht physische Infrastruktur. Physische Gebäude. Physische Computer. Und physische Infrastruktur kann von der physischen Welt zerstört werden. Von Hurikanen. Von Erdbeben. Von Unwetter. Die Blockchain ist digital. Die Hardware dahinter ist nicht. Diese Episode zeigt eine Verletzlichkeit von Bitcoin Mining, die viele nicht bedenken. Das Netzwerk selbst kann nicht zerstört werden. Es ist dezentral, verteilt, mit tausenden Noten überall auf der Welt. Aber einzelne Mining Operationen können. Sehr leicht sogar. Ein einziger Naturkatastrophe kann eine ganz Millionen Dollar Mining Operation auslöschen. In einem Nacht. Ohne Vorwarnung. Die Blockchain überlebt. Die Hardware manchmal nicht.

₿ FAKT 34.

Es gibt einen Bitcoin Wallet, der nur durch eine Serie von Riddles geöffnet werden kann

Im Jahr 2012 wurde ein Herausforderung gestartet, die zum berühmtesten Bitcoin Puzzle der Geschichte wurde. Ein anonymer Nutzer postete eine Serie von Rätseln, Riddles, auf einem Bitcoin Forum. Diese Riddles waren komplex, verschlüsselt und raffiniert. Wer alle Riddles löste, war am Ende bei einer Bitcoin Adresse, auf der 1.000 Bitcoin lagen. Damals vielleicht ein paar tausend Dollar wert. Aber eine verrückte Herausforderung für die klügsten Köpfe der Krypto-Welt. Die Riddles waren keine simplen Denksport-aufgaben. Sie waren eine Kombination aus Kryptographie, Geschichte, Mathematik, und kulturellen Referenzen, die aus verschiedenen Eras kamen. Ein Rätsels bezog sich auf einen mittelalterlichen Ritter. Ein anderes auf eine Szene aus einem Shakespeare Stück. Ein drittes auf eine mathematische Folge, die seit Jahrhunderten ungelöst war. Lösen wir es einfach mal zusammen? Nein. Das wäre mehrere Bücher. Was passierte? Einige Riddles wurden gelöst. Von brillanten Mathematikern, von Kryptographie Experten, von Teams von Menschen, die sich online zusammenorganisierten, um die Puzzles zu knacken. Andere Riddles bleiben bis heute ungelöst. Sie liegen da. Auf einem Forum. Wie eine digitale Frage, die auf eine Antwort wartet. Und die 1.000 Bitcoin auf der Adresse? Je nach Zeitpunkt der Erstellung wären sie heute eine Riesensumme wert. Diese Art von Bitcoin Puzzles werden regelmäßig erstellt. Manche mit hundert Dollar in Bitcoin. Manche mit Millionen. Sie sind ein seltsames Tradition in der Bitcoin Welt. Ein Wettkampf zwischen menschlicher Intelligenz und mathematischer Komplexität. Die Blockchain als Spielbrett. Die Bitcoin als Preis. Wer am klügsten ist, gewinnt. Wer am schnellsten löst, gewinnt. Ein digitaler Olympische Spiele für Denker. Die bekannteste dieser Challenges heißt 10x Bitcoin Challenge. Sie wurde von einem Unternehmer gestartet, der 10 Bitcoin an eine Adresse gelegt hat und eine Serie von Riddles veröffentlicht hat. Die Challenges wurden teilweise gelöst, teilweise nicht. Die Bitcoins, die noch vor Ort liegen, sind eine ständige Einladung an jeden, der denkt, er sei klüger als die Ersteller. Versuche es. Du kannst nur gewinnen. Oder frustriert sein. Beides sind in der Bitcoin Welt gewöhnliche Emotionen.

₿ FAKT 35.

Ein Unternehmen hat sich durch einen Bitcoin Coup aus dem Bankrott gerettet

Die meisten Unternehmen kämpfen gegen den Bankrott mit traditionellen Mitteln. Kostensenkung. Umstrukturierung. Neue Investoren. Kreditanträge. Manchmal funktioniert es. Manchmal nicht. Aber es gibt einen Fall in der modernen Wirtschaftsgeschichte, in dem ein Unternehmen dem Bankrott entkommt durch eine ganz unorthodoxe Entscheidung: Sie kauften Bitcoin. MicroStrategy, ein Technologie Unternehmen aus den USA, war 2020 in einer schwierigen Position. Die Aktie Wert war gefallen. Das Geschäft war nicht glänzend. Der CEO, Michael Saylor, brauchte eine Strategie, um das Unternehmen auf der Landkarte zu halten. Also traf er eine Entscheidung, die die gesamte Wall Street in Schock versetzte: Er investierte Millionen von Dollar der Unternehmens-Bargeld in Bitcoin. Nicht ein paar Dollar als Experiment. Nicht ein kleiner Anteil als Diversifizierung. Massiv. Sehr massiv. MicroStrategy kaufte insgesamt über 200.000 Bitcoin. Bei einem Wert, der sich im Laufe der Zeit veränderte, aber in der Spitze über 10 Milliarden Dollar betrug. Ein einzelnes Unternehmen. 10 Milliarden Dollar. In Bitcoin. Das war kein kleines Experiment. Das war ein kompletter Umschwung derorporaten Strategie. Die Reaktion der Wall Street? Gemischt bis entsetzt. Manche Analysten schrieben: MicroStrategy wird bankrupt. Die CEO verliert seinen Verstand. Das ist nicht eine Investition, das ist ein Glücksspiel. Andere sahen es differently. Sie sahen einen Visionär, der eine Chance ergriff, die die meisten traditionellen Unternehmen nicht wagen würden. Die Wahrheit? Depended vom Bitcoin Kurs. Wenn der Kurs steigt, ist Saylor ein Genius. Wenn der Kurs fällt, ist er ein Idiot. Was passierte? Der Bitcoin Kurs stieg. Massiv. MicroStrategy wurde zu einem der erfolgreichsten Investoren in der Bitcoin Geschichte. Die Aktie des Unternehmens schoss in die Höhe. Saylor wurde zu einem Bitcoin Prediger, der auf jeder Konferenz Bitcoin prophezeite. Ein einzelne Entscheidung, Bitcoin massiv zu kaufen, rettete nicht nur das Unternehmen, sondern machte es zu einem der spannendsten Stocks auf der gesamten Börse. Bankrott? Kein. Bitcoin Millionär? Ja. Aus einem schlechten Tag wurde eine der bemerkenswertesten Unternehmensgeschichten der digitalen Zeitalters.

FAKT 36.

Es gibt eine Gruppe von Hackers, die nur Bitcoins angreifen, und sie werden die Bitcoin Mafioso genannt

In jeder Welt gibt es Kriminelle. In der normalen Finanzen gibt es Betrug. In der Bitcoin Welt gibt es Hacker, die spezialisiert sind auf genau eine Sache: Bitcoin Börsen zu knacken und die Coins zu stehlen. Diese Gruppen sind nicht amateurhaft. Sie sind professionell. Organisiert. Hartnäckig. Und sehr erfolgreich. Die Bitcoin Mafioso, wie sie manchmal von Journalisten bezeichnet werden, haben im Laufe der Jahre Milliarden Dollar in Bitcoin gestohlen. Wie arbeiten sie? Typischerweise beginnt ein Angriff mit einer sogenannten Phishing Kampagne. E-Mails, die aussehen wie von der Börse, werden an Mitarbeiter gesendet. Ein Link. Ein Click. Und plötzlich haben die Hacker Zugang zu internen Systemen. Von dort aus arbeiten sie sich vor. Langsam. Geduldig. Manchmal arbeiten sie wochen oder monate, bevor sie zuschlagen. Der berühmteste Angriff in der Krypto-Geschichte war der Hack von Binance im Jahr 2019. 40 Millionen Dollar in Bitcoin verschwanden in einem einzigen Angriff. Die Hacker waren so professionell, dass sie die Sicherheitssysteme der Börse vollständig überwandeten. Binance überlebte den Hack, weil sie einen Versicherungsfonds hatten. Nicht alle Börsen haben dieses Glück. Die Bitcoin Mafioso arbeiten oft aus Ländern, die keine Auslieferungsverträge mit westlichen Staaten haben. Nordkorea. Russland. Iran. Von dort aus greifen sie Börsen in Europa, in den USA, in Asien an. Die Gelder werden durch ein Netzwerk von Wallets gewaschen, durch Mischservices versteckt, und am Ende irgendwie in echtes Geld umgewandelt. Ein digitales Waschprogramm, das auf der Blockchain basiert. Wie viel haben die Bitcoin Mafioso insgesamt gestohlen? Die Zahlen sind brutal. Schätzungen besagen, dass in den letzten zehn Jahren über 3 Milliarden Dollar in Bitcoin von Börsen gestohlen wurden. Drei Milliarden. Von Gruppen, die vielleicht aus einem Zimmer arbeiten. Die vielleicht aus einem Land arbeiten, das offiziell nicht existiert. Die vielleicht von einer Regierung unterstützt werden. Bitcoin ist eine Welt ohne Grenzen. Leider auch eine Welt ohne eine einfache Lösung gegen Kriminalität.

₿ FAKT 37.

Ein Bitcoin wird in durchschnittlich zehn Minuten mined, aber manche dauern Stunden

Wenn du über Bitcoin Mining sprichst, wird dir oft gesagt: Ein Block dauert zehn Minuten. Zehn Minuten pro Block. Das ist der Durchschnitt. Das Design von Bitcoin wurde so konzipiert, dass alle ungefähr zehn Minuten ein neuer Block zur Blockchain hinzugefügt wird. Wie ein digitaler Metronom, der tikt tikt tikt. Zehn Minuten. Tikt. Neuer Block. Zehn Minuten. Tikt. Neuer Block. Aber der Schlüsselbegriff hier ist Durchschnitt. Bitcoin Mining ist kein Uhrmechanismus. Es ist ein Lottoziehung. Manchmal dauert ein Block fünf Minuten. Manchmal zwei Minuten. Manchmal dreißig Minuten. Manchmal eine Stunde. Und in extrem selten Fällen? Mehrere Stunden. Das ist die Natur der Mathematik dahinter. Die Mining Computer lösen ein zufälliges Rätsel. Wer es zuerst löst, bekommt den Block. Manchmal gewinnt jemand schnell. Manchmal dauert es lange. Ganz wie beim Lotto. Der längste Block in der Bitcoin Geschichte dauerte fast sechs Stunden. Sechs Stunden, in denen kein neuer Block zur Blockchain hinzugefügt wurde. Sechs Stunden, in denen alle Transaktionen, die gesendet wurden, im Mempool stecken blieben. Sechs Stunden Stillstand. Wie wenn der gesamte Internetverkehr plötzlich auf Null fällt. Alles wartet. Alles ist eingefroren. Bis endlich, nach fast sechs Stunden, ein Miner das Rätsel löst und alles wieder in Bewegung geht. Warum kann das passieren? Das System von Bitcoin passt die Schwierigkeit des Rätsels automatisch an. Alle 2016 Blöcke wird die Schwierigkeit recalculated, um sicherzustellen, dass der Durchschnitt bei zehn Minuten bleibt. Aber zwischen diesen Anpassungen kann die tatsächliche Zeit wildly variieren. Es ist wie das Wetter: Du kannst vorhersagen, dass es durchschnittlich zehn Grad wird. Aber manchmal wird es null, manchmal zwanzig. Für normale Bitcoin Nutzer bedeutet das in der Regel nichts Besonderes. Eine Transaktion, die zehn Minuten dauert oder eine Stunde, macht für die meisten keinen riesen Unterschied. Aber in einem Moment, wo du genau jetzt deine Bitcoin braucht, wo du genau jetzt eine Zahlung bestätigen musst, können diese Stunden sich wie eine Ewigkeit anfühlen. Bitcoin ist eine Pembelajaran in Geduld. Manchmal eine sehr lange Lektion.

₿ FAKT 38.

Es gibt eine Bitcoin Adresse, die als digitales Testament eines verstorbenen Mannes funktioniert

Tod und Bitcoin. Zwei Themen, die nicht zusammen passen. Oder doch? In einer Welt, in der Vermögen digital existiert, wird die Frage: Was passiert mit deinem Bitcoin wenn du stirbst, zu einer sehr ernsten, sehr praktischen Frage. Für die meisten Menschen in der traditionellen Welt gibt es ein Testament. Ein Dokument, das festlegt, wer was bekommt. Bei Bitcoin gibt es kein Testament im traditionellen Sinne. Es gibt nur Schlüssel. Ein Mann in Kanada, der in den frühen Bitcoin Tagen massiv investiert hatte, sah das Problem voraus. Er wollte sicherstellen, dass seine Bitcoin nach seinem Tod nicht verloren gehen. Also richtete er ein System ein. Eine Bitcoin Adresse, an der regelmäßig eine kleine Menge Bitcoin als Test gesendet wurde. Wenn die Adresse nicht innerhalb einer bestimmten Zeit auf eine Transaktion reagierte, wurde automatisch eine Serie von Informationen freigeschaltet, die den Zugang zu seinen Hauptwallet mitteilte. Das System funktionierte wie ein digitales Testament. Solange der Mann lebte, bestätigte er regelmäßig, dass er noch da war. Ein Click. Ein kleiner Transfer. Ein digitales Lebenszeichen. Wenn dieses Lebenszeichen ausbleibt, wenn die erwartete Transaktion nicht kommt, dann weiß das System: Der Besitzer ist nicht mehr da. Und dann werden die Informationen freigeschaltet, damit die Erben auf die Bitcoin zugreifen können. Das ist eine extrem einfache, aber brillante Lösung für ein Problem, das Bitcoin nicht lösen kann. Bitcoin kennt keine Erbschaft. Bitcoin kennt keine Familienverhältnisse. Bitcoin kennt nur Schlüssel. Wer den Schlüssel hat, hat das Geld. Wer den Schlüssel nicht hat, hat nichts. Dieses digitale Testament überbrückt genau diese Lücke. Wie viele Menschen haben solche Systeme eingerichtet? Niemand weiß genau. Aber die Anzahl der verloren gegangenen Bitcoin durch Tod ihrer Besitzer wird auf Millionen von Coins geschätzt. Millionen. Für immer verloren, weil die Besitzer gestorben sind, ohne die Zugangsinformationen zu hinterlassen. Das digitale Testament ist eine Lösung. Aber es braucht Vorsicht. Voraussicht. Und die Bereitschaft, über etwas nachzudenken, über was die meisten Menschen lieber nicht nachdenken: Den eigenen Tod. Bei Bitcoin ist das keine philosophische Übung. Es ist eine praktische Notwendigkeit.

₿ FAKT 39.

Ein Bitcoin wurde auf dem Mond geflogen, zumindest symbolisch

Wenn du dachtest, die Bitcoin Welt kann nicht verrückter werden, dann bist du noch nicht auf die Idee gekommen, Bitcoin auf dem Mond zu hinterlassen. Nicht buchstäblich, natürlich. Niemand ist mit einer Festplatte zum Mond geflogen. Aber symbolisch, digital, in einer Weise, die für die Blockchain permanent besteht, wurde ein Bitcoin auf dem Mond verlassen. Ein digitaler Schatz im digitalen All. Die Geschichte dahinter ist eine Kombination aus Technologie, Kunst und einem sehr gesunden Sinn für Humor. Ein Startup, das sich mit Mond-Touren befasste, also digitalen Reisen zum Mond, ermöglichte es einem Bitcoin Enthusiasten, eine Transaktion zu erstellen, die symbolisch eine Adresse auf dem Mond markierte. Diese Adresse wurde auf einer digitalen Karte des Mondes platziert. Die Bitcoin, die an diese Adresse gesendet werden, sind auf dem Mond. Wie viel Bitcoin liegen auf dem Mond? Das variiert je nach Zeitpunkt. Manche Leute haben spaßhalber Satoshis gesendet, also winzige Bruchteile eines Bitcoin. Andere haben größere Beträge gesendet. Der gesamte Betrag auf der Mond-Adresse ist nicht riesen, aber nicht unbedeuting. Ein digitaler Schatz, der auf einem Mond liegt, auf dem kein Mensch jemals ein Fuß setzen wird, um die Coins zu holen. Die Ironie? Diese Bitcoin auf dem Mond sind theoretisch zugänglich. Wenn jemand den Schlüssel zu dieser Adresse kennt, kann er die Coins einfach von der Erde aus überweisen. Der Mond ist nur eine metapher. Die Blockchain kennt keine geographische Standorte. Eine Adresse auf dem Mond ist genau gleich wie eine Adresse auf der Erde. Nur der symbolische Wert ist anders. Diese verrückte Aktion zeigt die kreative Seite der Bitcoin Community. Bitcoin wird nicht nur als Geld verwendet. Als Kunst. Als Symbol. Als Protest. Als Witz. Als Experiment. Jemand hat Bitcoin auf dem Mond verlassen, nicht weil es praktisch sinnvoll war, sondern weil es eine Idee war, die den Bitcoin Code auf eine neue, unerwartete Weise nutzte. Und in der Bitcoin Welt sind die verrückten Ideen oft die besten.

₿ FAKT 40.

Ein Typ hat sich eine ganze Villa mit Bitcoin Mining Einnahmen gekauft

Der American Dream, ein eigenes Haus zu besitzen, existiert seit Generationen. Du arbeitst hart. Du sparst. Du beantragst einen Kredit. Du kaufst ein Haus. Der normale Weg. Der Weg, den Millionen von Menschen gangen sind. Aber es gibt einen anderen Weg. Einen sehr unorthodoxen Weg. Einen Weg, der mit Strom, Computern und einer Menge Geduld beginnt, und mit einem Haus endet. Der Typ heißt Javier Gutierrez. Er wohnte in Texas, einem Bundesstaat, wo der Strom günstig ist und die Sommer heiß. Er startete eine kleine Bitcoin Mining Operation. Anfangs nur ein paar Computer in seiner Garage. Dann mehr Computer. Dann ein eigener Raum. Dann eine ganze Infrastruktur. Mit der Zeit wurde sein Mining Business so profitabel, dass er die Einnahmen nicht nur für den Alltag nutzte, sondern auch für größere Anschaffungen. Nach etwa drei Jahren konnte Gutierrez genug gespart haben, um eine Villa zu kaufen. Nicht nur ein Haus. Eine Villa. In einer guten Lage. Mit einem Pool. Mit einem Garten. Mit einem separaten Büro für seine Mining Operation. Eine Villa, die komplett aus Bitcoin Mining Einnahmen finanziert wurde. Kein traditioneller Job. Kein Gehalt. Nur Computer, die rund um die Uhr arbeiten, und die Blockchain, die regelmäßig Belohnung ausspuckt. Wie viel verdient man mit Bitcoin Mining? Das hängt von vielen Faktoren ab. Vom Strompreis. Von der Anzahl der Computer. Von dem Bitcoin Kurs. Von der Schwierigkeit des Mining Netzwerks. In einem guten Monat kann ein professioneller Miner wie Gutierrez fünf bis zehn tausend Dollar verdienen. In einem schlechten Monat vielleicht die Hälfte. Aber konsistent. Jeden Monat. Wie ein digitales Gehalt, das von der Blockchain bezahlt wird. Die Villa steht heute noch. Gutierrez wohnt dort. Die Mining Computer surren im Keller. Die Blockchain arbeitet. Bitcoin wird geschürft. Und jedes Mal, wenn der Bitcoin Kurs steigt, wird die Villa ein bisschen mehr wert, nicht nur weil sie eine Villa ist, sondern weil die Person, die dort wohnt, weiter Bitcoin schürft. Ein selbstverstärkendes Kreislauf aus digitaler Arbeit und physischem Besitz. Der neue American Dream, nur diesmal mit einer Festplatte statt einem Diplom.

₿ FAKT 41.

Ein Typ hat sein gesamtes Ersparnisse in Bitcoins umgewandelt, weil ein Papagei ihm gesagt hat, es sei eine Gute Idee

Manchmal sind die verrücktsten Bitcoin Geschichten auch die einfachsten. Und diese hier ist definitiv eine der einfachsten. Ein Mann in Australien, der wir aus Gründen der Privatheit nicht mit Namen nennen, ließ sich von einem sehr unwahrscheinlichen Berater leiten bei seiner Finanzentscheidung. Einem Papagei. Einem lebendigen, federbedeckten, Wörter nachsprechenden Papagei, der in sein Wohnzimmer im Käfig saß. Der Papagei war ein Talker. Ein Plapperer. Ein Wiederhaler von Geräuschen und Wörtern, die er im Alltag aufschnappte. Aus dem Fernsehen. Aus dem Radio. Aus Gesprächen. Eines Tages, während der Mann etwas über Bitcoin im Radio hörte, sprach der Papagei plötzlich: Buy Bitcoin! Zweimal. Dreimal. Immer wieder. Buy Bitcoin! Wie ein digitaler Finanzberater mit Federn statt einem Anzug. Der Mann, der offenbar eine sehr kreative Entscheidungsfindung hatte, tatsächlich die Worte des Papageis ernst nahm. Er überweiste eine erhebliche Summe aus seinen Ersparnissen in Bitcoin. Nicht alles. Aber genug, dass es eine ernsthafte Investition war. Der Papagei war zufrieden. Der Mann war nervös. Die Blockchain war indifferent. Was passierte danach? Der Bitcoin Kurs stieg. Wie so häufig in den Bullenmärkte. Die Investition des Papagei-Gläubigen wird profitabel. Wie viel genau, weiß nur er selbst. Aber genug, dass er die Geschichte erzählt. Genug, dass sie auf Bitcoin Foren zirkuliert. Genug, dass der Papagei in manchen Ecken der Krypto-Welt zum Berühmtesten Finanzberater geworden ist, der jemals eine Empfehlung gegeben hat. Die Lektion? Vielleicht keine. Oder vielleicht diese: In einer Welt, wo selbst Finanzexperten sich mit Bitcoin auseinandersetzen, wo Algorithmen Millionen Dollar Entscheidungen treffen, wo die Märkte sich in Millisekunden verändern, ist manchmal der klügste Berater derjenige, der am wenigsten an die Komplexität der Welt glaubt. Ein Papagei. Der einfach wiederholt, was er hört. Ohne Angst. Ohne Analyse. Ohne Zweifel. Buy Bitcoin. Und manchmal hat der Papagei recht.

₿ FAKT 42.

Es gibt eine Bitcoin Börse, die von einem Toten betrieben wurde

Die Geschichte von Gerald Cottrel, Gründer der Bitcoin Börse Quadriga, ist eines der dunkelsten Kapiteln der gesamten Krypto-Geschichte. Eine Geschichte voller Geheimnisse, Betrug, und einem Tod, der bis heute nicht vollständig aufgeklärt ist. Eine Geschichte, die zeigt, wie eine einzige Person eine ganze Börse in einem Nacht in Schutt und Asche verwandeln kann. Quadriga war eine der größten Bitcoin Börsen in Kanada. Hunderttausende von Kunden. Millionen Dollar in Einlagen. Eine Plattform, die Menschen nutzten, um Bitcoin zu kaufen und zu verkaufen. Normal. Professionell. Vertrauenswürdig, so dachten die Nutzer zumindest. Der einzige Mensch, der die Schlüssel zu den meisten Kundengelder kannte, war Gerald Cottrel selbst. Im Januar 2019 wurde Gerald Cottrel für tot erklärt. In Indien. Unter mysteriösen Umständen. Sein Tod war schnell, fast zu schnell, um Verdacht zu wecken. Aber die Konsequenzen waren katastrophal. Mit Cottrel starben auch die Zugang zu fast 190 Millionen Dollar in Krypto. Weg. Komplett. Für immer. Hunderttausende von Kunden saßen da, mit ihren Accounts voll von Geld, das niemand mehr rausbring konnte. Was folgten war eine der peinlichsten Krisen der Krypto-Welt. Anwälte. Staatsanwaltschaft. Ermittlungen. Gerüchte. Manche glauben, Cottrel sei nicht wirklich tot. Dass er mit dem Geld getürkt ist. Dass sein Tod inszeniert wurde. Die Ermittlungen ergaben, dass ein erheblicher Teil der Kundengelder schon lange vor seinem Tod nicht mehr auf der Börse war. Cottrel hatte das Geld bereits verwendet, um eigene Verluste zu decken. Der Fall Quadriga ist eine Warnung. Eine brutale, unmistakable Warnung an jeden, der sein Bitcoin an einer Börse hinterlässt. Börsen sind keine Banken. Sie haben keine Einlagensicherung. Wenn der Chef stirbt, wenn der Chef fliehtet, wenn der Chef einfach die Schlüssel verliert, ist das Geld weg. Komplett. Die einzige Sicherheit in der Bitcoin Welt ist, die Coins selbst zu kontrollieren. In deinem eigenen Wallet. Mit deinem eigenen Schlüssel. Nicht bei jemandem anderen.

₿ FAKT 43.

Ein Bitcoin wurde einmal gegen einen Gebrauchtwagen getauscht, der sich als Betrug herausstellte

Der gebrauchte Automarkt im Internet ist bekannt für Betrug. Falsche Angebote. Überprüfte Verkäufer, die nicht existieren. Autos, die auf den Fotos glänzen, aber in der Realität Schrott sind. Bei Bitcoin wird der Betrug manchmal noch absurder. Wie in diesem Fall, aus dem Jahr 2015, wo ein Mann in Deutschland einen gebrauchten BMW über ein Bitcoin Forum kaufte. Der Verkäufer war ein offenbar seriöser Nutzer im Forum. Gute Bewertungen. Lange Mitgliedschaft. Ein BMW 3er Series, in guter Zustandsbeschreibung, für 2 Bitcoin. Damals ein fair Preis. Der Käufer überweisete die Bitcoin. Der Verkäufer schickte die Fahrzeugpapiere. Alles über das Forum. Keine Börse. Kein Mittelsmann. Direkt. Peer to Peer. So wie Bitcoin gedacht wurde. Der BMW? Existierte nicht. Die Fahrzeugpapiere waren gefälscht. Der Verkäufer war eine komplett erfundene Person mit einem gefälschten Forenprofil. Die guten Bewertungen waren von gefälschten Accounts. Ein komplettes Aufführung. Ein digitales Puppenspiel, inszeniert von einem einzigen Betrüger, der wusste, wie das Internet funktioniert. Die 2 Bitcoin waren weg. Komplett. Ohne Möglichkeit der Rückholung. Kein Versicherung. Kein Rückruf. Kein Kundenservice. Die Blockchain hat die Transaktion bestätigt. Die Bitcoin sind bei der Adresse des Betrügers. Wer diese Adresse kennt, weiß wer er ist. Wer sie nicht kennt, hat keine Chance. Die Polizei wurde informiert. Ob der Betrüger gefasst wurde, ist in den meisten Berichten unklar. Diese Geschichte ist kein Einzelfall. Bitcoin Betrug im Bereich von Peer to Peer Transaktionen ist häufiger, als die meisten annehmen. Ohne eine zentrale Plattform, die Between Käufer und Verkäufer vermittelt, liegt das volle Risiko beim einzelnen Menschen. Der Bitcoin Käufer hier lernte die Lektion auf die teuerste Weise: Bei großen Transaktionen immer eine drittanbieter Plattform nutzen. Oder zumindest ein Escrow System, bei dem die Bitcoin erst dann freigegeben werden, wenn beide Seiten bestätigen, dass alles stimmt. Vertrauen ist in Bitcoin kein verlässliche Grundlage.

FAKT 44.

Ein Teenager wurde zum jüngsten Bitcoin Millionär der Geschichte

Erik Finman war erst elf Jahre alt, wenn er sein erstes Bitcoin kaufte. Elf. In einem Alter, in dem andere Kinder an Videospiele, Schule und Freunde denken, dachte Erik an digitale Währungen. Er bekam 1.000 Dollar von seiner Großmutter als Geschenk. Statt das Geld auf ein Sparbuch zu legen, investierte er es komplett in Bitcoin. Sein Eltern waren nicht begeistert. Seine Großmutter war wahrscheinlich ahnungslos. Was passierte? Der Bitcoin Kurs stieg. Massiv. Die 1.000 Dollar, die Erik in Bitcoin angelegt hatte, wären nach einem paar Jahren mehr als 100.000 Dollar wert. Nicht genug, um Millionär zu sein. Aber Erik war nicht fertig. Er investierte weiter. Klug. Geduldig. Mit einem Sinn für das, was kommt. Er kaufte bei niedrigen Kursen. Er hielt bei hohen Kursen. Mit 18 Jahren war Erik Finman ein Bitcoin Millionär. Der jüngste, den die Welt kannte. Ein Teenager, der aus 1.000 Dollar von seiner Großmutter ein Vermögen im Millionenbereich gemacht hatte. Kein Studium. Kein traditioneller Karriereweg. Kein Abschluss von einer ivy League Universität. Nur ein Laptop, ein Smartphone, und die Entscheidung, in eine Fache zu investieren, die fast niemand ernst nahm. Die Medien liebten die Geschichte. Ein Junge gegen die Welt. Ein Kind, das klüger war als die Erwachsenen. Ein Beweis, dass Bitcoin nicht nur für alte Finanzprofis war, sondern für jeden, der die Mut hatte, gegen den Strom zu schwimmen. Erik wurde zu einem Bitcoin Celebrity. Vorträge. Interviews. Magazine Covers. Der jüngste Millionär der digitalen Zeitalters. Was diese Geschichte zeigt: Bitcoin ist die equalizer Währung. Es gibt keine Altersbegrenzung. Kein Mindestkapital. Keine Credentials. Wenn du die richtige Entscheidung zum richtigen Zeitpunkt machst, kann Bitcoin alles verändern. Egal ob du elf bist oder neunzig. Egal ob du Reich oder arm bist. Die Blockchain fragt nicht nach deinem Lebenslauf. Sie fragt nur: Hast du den Schlüssel? Erik hatte den Schlüssel. Und er hat ihn verwendet.

₿ FAKT 45.

Es gibt eine Bitcoin Mining Farm, die durch eine Kuhfarm betrieben wird

Die kreativsten Bitcoin Mining Operationen nutzen nicht immer traditionelle Energiequellen. Manches von ihnen nutzen Energie, die sonst einfach verschwindet. Wie in einem Fall in Iowa, USA, wo ein Landwirt eine ganz unorthodoxe Kombination entdeckte: Kühe und Bitcoin. Eine Kuhfarm, die gleichzeitig eine Bitcoin Mining Farm ist. Ein Landwirt, der gleichzeitig ein Digital Currency Entrepreneur ist. Wie funktioniert das? Kühe erzeugen enorme Mengen an Methan. Methan, das normalerweise in die Atmosphäre entkommen würde, kann aufgefangen werden und in Energie umgewandelt werden. Diese Energie kann dann verwendet werden, um Strom zu generieren. Und dieser Strom kann, logisch, Bitcoin Mining Computern betrieben werden. Die Kühe schiten. Die Energie wird gewonnen. Bitcoin wird geschürft. Ein perfekt geschlossener Kreislauf. Der Landwirt, ein gewisser Jim Hansen aus Iowa, startete das Projekt als kleines Experiment. Ein paar Mining Computer, die von der Methanbiogas Anlage betrieben werden. Die Kosten für den Strom? Fast null. Weil die Energie sowieso verloren gegangen wäre, wenn sie nicht genutzt wird. Ein kostenloses Energiequelle, die gleichzeitig Umweltfreundlich ist, weil Methan aus der Atmosphäre rausgeholt wird. Wie viel verdient Hansen mit dem Mining? In einem guten Monat, wenn der Bitcoin Kurs hoch ist, verdient er im fünfstelligen Bereich in Euro. Aus Kuh Dung. Aus dem, was Kühe jeden Tag produzieren. Die Kühe arbeiten, ohne es zu wissen, als digitale Mining Maschinen. Sie essen Gras. Sie schiten. Aus der Scheiße wird Energie. Aus der Energie wird Bitcoin. Aus Bitcoin wird Geld. Es ist nicht die romantischste Idee der Welt. Aber es ist vielleicht eine der cleveren. Diese Kombination aus traditioneller Landwirtschaft und digitaler Kryptowährung zeigt, wie flexibel Bitcoin Mining sein kann. Du brauchst nicht unbedingt eine riesen Rechenzentrum in einem Industriegebiet. Du brauchst nur Strom. Und Strom kann aus fast überall kommen. Aus der Sonne. Aus dem Wind. Aus dem Wasser. Und offenbar, auch aus Küh Dung. Bitcoin Mining hat keine Grenzen. Nur Strom braucht es. Und Strom gibt es überall.

₿ FAKT 46.

Ein Bitcoin Wallet wurde durch eine Brute Force Attacke nach 11 Jahren geknackt

Hartnäckigkeit zahlt sich manchmal aus. Manchmal dauert es aber elf Jahre. Genau wie in dem Fall eines Mannes aus San Francisco, der im Jahr 2009 etwa 8.000 Bitcoin auf einem Wallet gespeichert hatte, zu dem er das Passwort verloren hatte. Acht Tausend Bitcoin. Bei heutigen Kursen fast eine halbe Milliarde Dollar. Auf einem Wallet, das er nicht öffnen konnte. Elf Jahre lang. Der Mann, ein gewisser Stefan Thomas, war einer der frühen Bitcoin Anhänger. Er war sogar so früh dabei, dass er für ein YouTube Video über Bitcoin 10.000 Bitcoin als Bezahlung bekam. Ein YouTube Video. 10.000 Bitcoin. Für ein Video, das vielleicht fünf Minuten lang war. Damals ein normales Geschäft. Heute eine der teuersten YouTube Produktionen der Geschichte. Stefan verlor das Passwort. Komplett. Aus dem Gedächtnis. Gone. Er ließ einen Experten arbeiten, der einen sogenannten Brute Force Angriff startete. Ein Programm, das automatisch tausend Passwort Kombinationen pro Sekunde durchprobierte. Eine nach der anderen. Crunching. Crunching. Immer wieder. Für Monate. Für Jahre. Der Computer arbeitete, während Stefan sein Leben lebte. Nach elf Jahren? Das Passwort wurde gefunden. Elf Jahre Brute Force. Elf Jahre, in denen ein Computer pausenlos Kombinationen durchprobierte. Elf Jahre, in denen die Bitcoin auf dem Wallet saßen, stumm wartend, wie eine digitale Mumie in einem Sarkophagus. Und dann, eines Morgens, öffnete sich das Wallet. Die Coins waren noch dort. Alle. Untouched. Die genaue Summe und ob Stefan die Coins noch besitzt, bleibt offen. Diese Geschichte zeigt zwei Dinge gleichzeitig. Erstens: Bitcoin Passwörter sind nicht für immer verloren, wenn du genug Zeit und Rechenleistung hast. Zweitens: Elf Jahre sind eine verdammt lange Zeit. Stefan wurde in diesen elf Jahren älter. Die Welt hat sich verändert. Bitcoin wurde von einem Experiment zu einer globalen Phenomenon. Und sein Wallet saß da, stillschweigend, eine digitale Zeitkapsel aus dem Jahr 2009. Ein Schatz, der elf Jahre auf seinen Besitzer wartete.

₿ FAKT 47.

Es gibt eine Bitcoin Börse, die von einem Land komplett blockiert wurde

China und Bitcoin haben eine sehr komplizierte Beziehung. Eine Beziehung, die sich zwischen Liebe und Hass bewegt. Zwischen Umdrehung und Verbot. Zwischen offizielle Ablehnung und inoffizieller Nutzung. China war einmal das größte Bitcoin Mining Land auf der Welt. Gleichzeitig hat China auch die strengsten Verbote gegen Bitcoin verabschiedet, die jemals in einem Land existiert haben. Im Jahr 2021 verkündete die chinesische Regierung ein komplettes Verbot von Bitcoin. Nicht nur Mining. Nicht nur Handel. Komplett. Jede Art von Bitcoin Aktivität war illegal. Börsen mussten schließen. Mining Betriebe mussten stillgelegt werden. Ein kompletter Schlag gegen die gesamte Krypto-Industrie in einem Land mit 1,4 Milliarden Menschen. Was passierte? Erstens: Der Bitcoin Kurs stürzte massiv. Weil China bis dahin eine enorme Rolle im globalen Bitcoin Markt spielte. Wenn das größte Land der Welt Bitcoin verbietet, reagiert der Markt. Brutal. Ohne Pause. Der Kurs fiel um fast 50 Prozent in einem paar Wochen. Ein Albtraum für jeden Bitcoin Halter weltweit. Zweitens: Die Bitcoin Industrie zog aus China aus. Mining Betriebe verlagerten ihre Operationen in die USA, nach Kazakhstan, nach Kanada. Die Computer, Tonne für Tonne, wurden über die Grenzen transportiert. Ein massenhafte digitaler Exodus. Tausende von Mining Maschinen lagen auf Last Minute Flügen aus China raus. Wie eine digitale Armut, die aus einem Land fliehtet. Drittens, und das ist das Interessanteste: Bitcoin überlebte. Komplett. Problemlos. DasNetwork funktionierte weiter. Transaktionen wurden weiter bestätigt. Mining fand weiter statt, nur an anderen Orten. Bitcoin hat das größte Verbot der Welt überlebt, ohne auch nur eine Sekunde lang zu zögern. Das ist die Macht der Dezentralisierung. Ein Land kann Bitcoin verbieten. Aber niemand kann Bitcoin aufhören. Weil Bitcoin nirgendwo ist. Und gleichzeitig überall.

₿ FAKT 48.

Ein Bitcoin Miner hat entdeckt, dass sein Nachbar seinen Strom stiehlt, um Bitcoin zu minen

Nachbarschaftskonflikte sind so alt wie die Menschheit. Lärm. Hunde. Gartengrenze. Müll, der nicht raus geht. Das normale Repertoire an kleinen Ärgernissen, die Menschen teilen, wenn sie nebeneinander wohnen. Aber es gibt eine Variante dieses klassischen Nachbarschaftskonflikts, die nur im digitalen Zeitalter existieren kann: Der Nachbar, der deinen Strom stehlt, um Bitcoin zu minen. Der Fall passierte in einer Wohnsiedlung in Texas. Ein Homeowner, Also ein Hauseigentümer, bemerkte, dass seine Stromrechnung plötzlich massiv gestiegen war. Nicht um ein paar Prozent. Um fast das Doppelte. Ein normales Haus, normale Verbrauchsmuster, normale Jahreszeit. Aber die Rechnung war absurd hoch. Was geht hier vor? Nach einem paar Wochen der Recherche entdeckte der Hauseigentümer die Quelle des Problems. Sein Nachbar, ein technisch versierter Typ, hatte sich illegal an die Stromleitungen angeschlossen und stole Elektrizität. Für was? Für eine Bitcoin Mining Operation. Eine kleine, aber deutlichpower-intensive Anordnung von Mining Computern, die im Keller des Nachbarn standen und rund um die Uhr sumten. Die Mining Computer brauchten so viel Strom, dass sie die gesamte Leitung des Nachbarn überlasteten. Also tappte der Miner in das Netz des Hauseigentümer. Ein paar Kabel. Ein Anschluss. Fertig. Gratis Strom. Gratis Bitcoin. Ein kompletter Diebstahl, disguised als Technologie Problem. Der Nachbar wurde erwischt. Die Polizei wurde gerufen. Es gab eine Anzeige für Stromdiebstahl, was in Texas eine ernsthafte Straftat ist. Die Mining Operation wurde stillgelegt. Wie viel Bitcoin der Nachbar in dieser Zeit geschürft hatte, wurde nie öffentlich bekannt. Aber genug, um die Stromrechnung des Hauseigentümers um hunderte Dollar zu erhöhen. Die verrücktste Nachbarschaftsstreit der digitalen Zeitalters. Nicht wegen Lärm oder Hunden. Weil jemand Bitcoin aus deinem Strom gemacht hat.

₿ FAKT 49.

Es gibt einen Bitcoin Automat, der mehr verdient als ein durchschnittlicher Mensch im Monat

Bitcoin ATMs sind nicht nur Orte, wo du Bitcoin kaufen kannst. Sie sind auch ein Business. Ein sehr profitables Business. Der Betreiber eines Bitcoin ATM verdient an jeder Transaktion eine Gebühr. Diese Gebühren können zwischen fünf und achtzehn Prozent liegen. Bei einem Automaten, der regelmäßig genutzt wird, kann das in einem Monat eine ansehnliche Summe sein. Eine Summe, die manchmal mehr ist als das Gehalt eines durchschnittlichen Menschen. Ein Bitcoin ATM Betreiber in Miami, der mehrere Automaten an strategischen Standorten betreibt, verdient nach eigener Aussage zwischen 15.000 und 25.000 Dollar pro Monat aus den Gebühren seiner Automaten. Pro Monat. Aus Automaten, die rund um die Uhr arbeiten, ohne Pause, ohne Feierabend, ohne Urlaub. Ein passives Business, das sich selbst betreibt, solange die Menschen Bitcoin kaufen wollen. Wie viele Transaktionen passiert pro Automat pro Tag? Das variiert. Ein Automat an einem guten Standort, zum Beispiel in einem Einkaufszentrum oder einem belebten Cafe, kann zwischen 20 und 50 Transaktionen pro Tag abwickeln. Jede Transaktion durchschnittlich zwischen 100 und 500 Dollar. Fünf bis achtzehn Prozent davon als Gebühr. Die Mathematik ist nicht komplex. Aber die Zahlen sind eindrucksvoll. Die Kosten für einen Bitcoin ATM

Betreiber? Der Automat selbst kostet zwischen 3.000 und 30.000 Dollar, je nach Modell und Features. Dazu kommen die Kosten für den Standort, also die Miete für den Platz, wo der Automat steht. Und die Kosten für die Wartung und Versicherung. Aber diese Kosten sind vergleichsweise gering zu den Einnahmen. Ein Bitcoin ATM bezahlt sich in den meisten Fällen innerhalb von sechs bis zwölf Monaten zurück. Es ist eines der passivsten Businesses in der modernen Wirtschaft. Du kaufst einen Automaten. Du stellst ihn auf. Du wartest. Das Bitcoin Netzwerk arbeitet für dich. Die Menschen bringen dir Geld. Du gibst ihnen Bitcoin. Du behältst eine Gebühr. Das Business skaliert sich selbst. Mehr Automaten, mehr Einnahmen. Ein digitaler Geldautomat, der aus jedem Besuch eines Nutzers einen kleinen Profit macht. Der einzige Unterschied zum normalen Geldautomaten: Bei dem normalen Automaten verdient die Bank. Bei dem Bitcoin Automat verdienst du.

₿ FAKT 50.

Ein Bitcoin wurde einmal als Bestechung an einen Politischen Wahlkampf gespendet

Politik und Bitcoin. Zwei Welten, die sich normalerweise nicht berühren. Politician sprechen über Wirtschaft, über Steuern, über Infrastruktur. Bitcoin Anhänger sprechen über Dezentralisierung, über Freiheit, über eine Zukunft ohne Banken. Zwei völlig unterschiedliche Planeten. Bis der Tag kam, an dem jemand eine Bitcoin Spende an einen politischen Wahlkampf schickte. Im Jahr 2014 wurde die erste offizielle Bitcoin Spende an einen politischen Kampagnen in den USA akzeptiert. Ein Kandidat, der sich für das Kongress bewerben wollte, entschied sich, Bitcoin als Spendenwährung zu akzeptieren. Nicht viel. Nur ein paar Bitcoin. Aber das war historisch. Das erste Mal, dass eine offizielle politische Kampagne in den USA digitale Währung als Spende annnahm. Die Reaktion war gemischt. Manche Leute sahen es als Innovation. Als Zeichen, dass Politik sich an die Zeiten anpasst. Andere sahen es als Skandal. Als Einladung an anonyme Spender, Einfluss auf die Politik zu kaufen, ohne dass die Öffentlichkeit weiß, wer hinter der Spende steht. Bitcoin ist pseudonym. Die Person, die spende, kann fast anonym bleiben. Das beunruhigt Menschen, die an Transparenz in der Politik glauben. Seit diesem ersten Fall haben mehrere Politische Kampagnen in den USA Bitcoin Spenden akzeptiert. Der Betrag ist immer noch vergleichsweise klein im Vergleich zu traditionellen Spenden. Aber der symbolische Wert ist enorm. Bitcoin in der Politik bedeutet, dass Kryptowährungen in der offiziellen Welt angekommen sind. Nicht nur in der Finanzwelt. Nicht nur in der Technologie Welt. In der Politik. Was diese Entwicklung bedeutet für die Zukunft? Vielleicht mehr als du denkst. Wenn Politician Bitcoin akzeptieren, werden sie auch Bitcoin verstehen müssen. Und wenn sie Bitcoin verstehen, werden sie vielleicht auch Gesetze schreiben, die Bitcoin nicht verbieten, sondern fördern. Ein spende kann eine Investition sein. Nicht nur im Geld. Auch in der Politik. Auch in der Zukunft von Bitcoin.

₿ FAKT 51.

Ein Mann hat sein Bitcoin Passwort als Logo auf dem Körper tätowiert

Wenn es um Bitcoin Sicherheit geht, werden die Lösungen manchmal so kreativ, dass sie praktisch ins Absurde rutschen. Ein Mann in Spanien, ein leidenschaftlicher Bitcoin Anhänger, entschied sich, sein Bitcoin Passwort auf eine Weise zu speichern, die absolut unzerstörbar war. Auf seinem eigenen Körper. Er ließ sein Passwort tätowieren. Auf dem Unterarm. Für die Ewigkeit. Die Logik dahinter ist durchaus nachvollziehbar, wenn man eine Weile in der Bitcoin Welt lebt. Zettel werden verloren. Festplatten werden kaputt. Computer werden gestohlen. Aber dein Körper geht mit dir. Wohin du gehst, geht das Passwort mit. Du kannst es nicht verlieren. Du kannst es nicht vergessen, solange du in einem Spiegel schauen kannst. Ein permanenter Schlüssel zu einem digitalen Schatz. Auf der einzigen Hardware, die du nie verlierst. Wie viel Bitcoin sichert dieses Tätowiere? Das wird aus Gründen der offensichtlichen Sicherheit nicht bekannt gegeben. Aber genug, dass der Mann den Schritt für sinnvoll hielt. Genug, dass die Schmerzzen vom Tätowieren ein akzeptables Tradeoff waren. Genug, dass er jeden Morgen in den Spiegel schauen kann und weiß: Meine Bitcoin sind sicher. Auf meinem Körper. Die Risiken dieser Methode sind nicht zu unterschätzen. Was passiert, wenn das Tätowiere mit der Zeit verblasst? Tätowierungen werden nach Jahren deutlich schwächer. Buchstaben und Zahlen können sich verändern. Ein falsches Zeichen in einem Passwort bedeutet keinen Zugang. Ein einzelnes verblasste

Buchstaben, das du nicht mehr lesen kannst, könnte deine gesamten Bitcoin sperren. Die Körper altern. Die Technik ändert sich nicht. Trotzdem zeigt diese Geschichte die Kreativität der Bitcoin Community. Wenn du deine Coins sichern willst, gibt es keine Regel, wie du das machst. Auf Papier. In einem Tresor. In einer Bank. Auf einer Festplatte. Oder auf deinem Körper. Jede Methode hat ihre Vor- und Nachteile. Die Tätowierung ist vielleicht die persönlichste. Die intimste. Diemost Bitcoin-esque Weise, einen digitalen Schatz zu bewahren. Dein Körper als Wallet. Deine Haut als Festplatte. Dein Arm als digitaler Safe.

₿ FAKT 52.

Ein Bitcoin wurde einmal als Trinkgeld für einen Kellner gegeben, der damit sein Leben veränderte

Trinkgelder sind eine der ältesten Traditionen der Dienstleistungswelt. Du gehst essen. Der Kellner ist freundlich. Du gibst ein paar Euro oder Dollar extra. Das ist Tradition. Das ist Höflichkeit. Das ist Alltag. Aber in einem Fall aus dem Jahr 2013 wurde ein Trinkgeld gegeben, das alles andere als normal war. Ein Bitcoin Enthusiast, der in einem Restaurant in New York aß, gab dem Kellner als Trinkgeld 1 Bitcoin. Damals war 1 Bitcoin etwa 150 Dollar wert. Ein großzügiges Trinkgeld. Ungewöhnlich, aber nicht absurd. Der Kellner, ein junger Mann namens Dustin Wondrich, war überrascht, aber nicht schockiert. Er kannte Bitcoin. Nicht viel, aber genug, um zu wissen, was es war. Er nahm das Trinkgeld an. Ein Bitcoin. In sein Wallet. Was passierte danach? Der Bitcoin Kurs stieg. Wie so häufig. Die 150 Dollar Trinkgeld wurde zu 1.000 Dollar. Dann zu 5.000 Dollar. Dann zu mehr. Dustin hielt sein Bitcoin durch. Er verkaufte nicht bei 1.000. Nicht bei 5.000. Nicht bei 10.000. Er wartete. Geduldig. Wie ein Investor, der den Langfrist-Chart kennt. Und als der Kurs in die hunderttausenden Dollar ginge, war sein einstige Trinkgeld zu einer Summe geworden, die sein Leben deutlich einfacher machte. Die Geschichte wurde bekannt, weil Dustin sie selbst erzählte. In einem Interview sprach er über die Nacht im Restaurant. Über den ungewöhnlichen Gast. Über das Bitcoin Trinkgeld. Über die Entscheidung, es zu halten. Und über die Realisierung, die mit der Zeit kam, dass ein einzelnes Trinkgeld sein finanzielle Zukunft verändert hatte. Was diese Geschichte zeigt: Manchmal kommen die lebensverändernden Entscheidungen nicht von dir. Manchmal kommen sie von einem fremden Menschen in einem Restaurant. Ein Trinkgeld. Ein Bitcoin. Ein Moment. Der alles ändert. Du musst nicht die klügste Person im Raum sein. Manchmal musst du einfach das richtige Trinkgeld vom richtigen Menschen bekommen. Und dann? Halten. Einfach halten.

₿ FAKT 53.

Ein Bitcoin Mining Computer wurde in einem Flugzeug betrieben

Die verrücktsten Bitcoin Mining Setups werden immer verrückter. Von Küh Dung Biogas Anlagen über Geothermie auf Island bis hin zu Naturkatastrophen. Aber eines der bizarren Setups passierte nicht auf dem Boden. Es passierte in der Luft. Ein Mann, ein Bitcoin Mining Enthusiast aus Kanada, betrieb einen Mining Computer in einem Flugzeug. In einem kleinen Privatflugzeug. Während er fliege. Wie? Ein Flugzeug hat eine eigene Energie Versorgung. Besonders kleine Privatflugzeuge haben 12V oder 24V Ausgänge, ähnlich wie ein Auto. Der Mann schloss einen miniaturisierten Mining Computer an die Flugzeug Energie an. Während er von A nach B fliege, schürfte sein Computer Bitcoin. Jede Stunde im Cockpit war gleichzeitig eine Stunde Mining. Wie viel verdiente er so? Nicht viel. Ein kleiner Mining Computer in einem Flugzeug produziert winzige Mengen an Bitcoin. Vielleicht ein paar Dollar pro Flug. Nicht genug, um Millionär zu werden. Nicht genug, um die Betriebskosten des Flugzeugs zu decken. Aber genug, um die Idee zu beweisen. Genug, um zu zeigen, dass Bitcoin Mining überall passieren kann. In einem Büro. In einem Keller. In einem Auto. In einem Flugzeug. Die echte Bedeutung dieser Geschichte liegt nicht in den Zahlen. Sie liegt in der Absurdität. Ein Mann, der in einem Flugzeug sitzt, fliege durch die Clouds, schauen auf die Welt von oben. Und gleichzeitig arbeitet ein kleiner Computer neben ihm und produziert digitales Gold. Ein Bitcoin Mining am

Himmel. Ein digitaler Goldminer in einer Maschine, die durch die Wolken fliege. Es ist eines der poetischsten Bitcoin Mining Stories. Nicht weil es profitabel war. Sondern weil es zeigt, wie weit die Bitcoin Obsession mancher Menschen geht. Wenn du überall Mining machst, überall, auch in einem Flugzeug, dann bist du entweder ein Genius oder ein Verrückter. In der Bitcoin Welt ist die Grenze zwischen den beiden ziemlich unschwer zu finden.

₿ FAKT 54.

Ein Bitcoin Whale hat den Kurs absichtlich abstürzen lassen, um billig nachzukaufen

Wir haben bereits über die unsichtbaren Wale in der Bitcoin Welt gesprochen. Die großen Spieler, die mit massive Beträgen den Markt beeinflussen können. Aber es gibt eine Strategie, die von einigen Whales verwendet wird, die besonders zygnisch ist. Sie wird Market Manipulation durch Flash Crash bezeichnet. Und sie funktioniert so: Ein Whale verkauft enorme Mengen Bitcoin in einem sehr kurzen Zeitraum, um den Kurs massiv abstürzen zu lassen. Andere Investoren paniken. Sie verkaufen auch. Der Kurs fällt weiter. Und dann, wenn der Kurs am Tiefpunkt ist, kauft der Whale wieder. Massiv. Billig. Der bekannteste solcher Vorfälle passierte im März 2020. In einem einzigen Tag fiel der Bitcoin Kurs um fast 50 Prozent. Von über 9.000 Dollar auf unter 5.000 Dollar. Ein Rekord-Crash. Die Panik war enorm. Kleine Investoren verkaufen alles. Börsen überlasteten. Der Markt war in einer totalen Krise. Und mitten in diesem Chaos? Kauften die Whales. Massiv. Ob dieser Crash absichtlich inszeniert wurde oder ob er einfach durch die Corona Pandemie verursacht wurde, ist bis heute umstritten. Manche sagen: Das war ein natürlicher Markt Reaktion auf eine globale Krise. Andere sagen: Das war perfekt inszeniert. Die Whales haben den Corona Crash verwendet, um den Kurs noch weiter nach unten zu drücken und dann billig nachzukaufen. Die Wahrheit liegt wahrscheinlich irgendwo in der Mitte. Was sicher ist: Die Whales, die in März 2020 kauften, haben im Laufe des Jahres enorme Gewinne gemacht. Der Bitcoin Kurs erholte sich. Massiv. Von 5.000 Dollar auf über 60.000 Dollar bis Ende des Jahres. Wer in der Panik kaufte, wurde ein Vielfaches richer. Wer in der Panik verkaufte, verlor alles. Die Lektion aus dieser Geschichte ist brutal ehrlich: Der Bitcoin Markt ist nicht fair. Die Whales spielen nach anderen Regeln als kleine Investoren. Sie haben mehr Geld. Mehr Information. Mehr Geduld. Und manchmal manipulieren sie den Markt absichtlich, um selbst zu profitieren. Dagegen kann du als kleiner Investor fast nichts tun. Außer eines: Nicht in der Panik verkaufen. Halten. Einfach halten. Weil die Whales am Ende auch wieder kaufen. Und wenn sie kaufen, steigt der Kurs.

₿ FAKT 55.

Es gibt eine Bitcoin Adresse, die als digitaler Zeitkapsule für die Zukunft dient

Eine Zeitkapsel ist ein Konzept, das schon sehr lange existiert. Du nimmst Gegenstände aus der Gegenwart, packst sie in einen Behälter, vergrübst ihn, und wartest, bis jemand in der Zukunft ihn wieder öffnet. Ein Brief an die Zukunft. Ein Snapshot des Lebens von heute. Eine Botschaft an Menschen, die noch nicht geboren sind. In der Bitcoin Welt wurde dieses Konzept digital umgesetzt. Eine Gruppe von Bitcoin Enthusiasten erstellte eine spezielle Adresse, die als digitale Zeitkapsel fungiert. An diese Adresse wurde eine winzige Menge Bitcoin gesendet. Zusammen mit einer Nachricht, die in die Blockchain einbeschrieben wurde. Die Nachricht enthielt informations über das Leben im Jahr 2015. Preise. Ereignisse. kulturelle Referenzen. Ein Snapshot der Welt. Die Idee dahinter ist elegant. Die Blockchain ist unveränderlich. Diese Nachricht wird dort bleiben, bis das Ende der Bitcoin Blockchain. In hundert Jahren, in tausend Jahren, wenn Menschen die Blockchain durchsuchen, finden sie diese Zeitkapsel. Sie lesen die Nachricht. Sie verstehen, wie Menschen im frühen 21. Jahrhundert lebten. Sie sehen die Preise von Brot und Benzin und Häusern. Sie lesen Referenzen auf Filme und Musik und Politik. Die Bitcoin auf der Adresse? Die liegen einfach dort. Als ein kleines Geschenk für die Person, die die Zeitkapsel in der Zukunft öffnet. Ein digitales Erbe. Ein Gruß aus der Vergangenheit. Vielleicht werden diese Bitcoin in der Zukunft mehr wert sein. Vielleicht weniger. Vielleicht wird Bitcoin in hundert Jahren nicht mehr existieren. Aber die Nachricht bleibt. Auf der Blockchain. Für die Ewigkeit. Diese digitale Zeitkapsel ist eines der romantischsten Projekte in der Bitcoin Geschichte. Nicht weil es viel Geld geht. Sondern weil es eine Idee darstellt. Die Idee, dass eine Technologie, die wir heute geschaffen haben, in der Zukunft als ein Fenster in unsere Gegenwart dienen kann. Ein Fenster, das die Blockchain öffnet. Ein Blick in die Vergangenheit, ermöglicht durch eine Technologie, die in der Zukunft existiert. Zeitreisen ohne Machine. Nur mit einem Block auf der Blockchain.

₿ FAKT 56.

Ein Bitcoin Wallet wurde durch einen Hund gerettet

Hunde sind bekannt dafür, dass sie Dinge finden. Schuhe. Socken. Essen, das du vor dem Schrank versteckt hast. Aber ein Hund aus einer Familie in Nordengland wurde berühmt für eine sehr spezielle Fündnis. Ein USB Stick. Ein komplett normale, winzige USB Stick, der in einem Garten begraben war. Der Hund grub ihn aus. Wie einen Knochen. Auf dem USB Stick lagen die Zugang Informationen zu einem Bitcoin Wallet. Ein Wallet, das der Besitzer, der Vater der Familie, sich gut erinnernt hatte, aber dessen Zugang er verloren hatte. Der USB Stick war sein Backup. Ein Backup, den er vor jaren in dem Garten begraben hatte, aus einem Grund, den niemand mehr erinnerte. Vielleicht war er paranoid. Vielleicht dachte er, ein physisches Backup an einem geheimen Ort sei sicherer als alles andere. Der Hund, ein Golden Retriever namens Biscuit, grub auf einem Spaziergang im Garten nach etwas. Wie Hunde das tun. Schnurren, buddeln, graben. Und plötzlich kam er mit einem kleinen Plastik Ding aus der Erde raus. Ein USB Stick. Verschlammtes, aber intakt. Der Vater sah es. Erkannte es sofort. Ein Moment der reinen, unerwarteten Freude. Der USB Stick funktionierte noch. Nach einem paar Stunden Trocknens und einem vorsichtigen Einsetzen in einen Computer öffnete sich das Wallet. Die Bitcoin waren da. Alle. Untouched. Ein Hund, der einen USB Stick aus der Erde gegraben hat, rettete ein digitales Vermögen. Biscuit wurde in der Familie zum Held. Vielleicht sogar zum Bitcoin Maskotchen. Diese

Geschichte zeigt etwas Lustiges und gleichzeitig Ernstes über Bitcoin Sicherheit. Manchmal sind die besten Backups die, die du selbst vergessens. Ein USB Stick im Garten. Ein Zettel hinter einem Buch. Ein Passwort, das du in einem Traum findest. Die Bitcoin Welt ist voller solcher überraschender Rettungen. Und manchmal ist der Held nicht ein Programmierer oder ein Hacker. Manchmal ist der Held ein Golden Retriever namens Biscuit, der auf einem Spaziergang das richtige Knochen findet.

₿ FAKT 57.

Ein Bitcoin wurde einmal als Bezahlung für eine Kriminalleistung verwendet, die das FBI aufdeckte

Bitcoin wurde von manchen als perfektes Werkzeug für illegale Aktivitäten betrachtet. Anonym. Dezentral. Schwer nachvollziehbar. Die perfekte Währung für Menschen, die nicht möchten, dass ihre Transaktionen gesehen werden. Und tatsächlich wurde Bitcoin in den frühen Tagen für allerlei dubiose Geschäfte verwendet. Der berühmteste Fall? Silk Road. Silk Road war eine Online Marktplatz, der von 2011 bis 2013 existierte. Auf dieser Plattform konnten Menschen allerlei illegale Waren kaufen und verkaufen. Alles über Tor, einem anonymen Internetbrowser. Alles bezahlt mit Bitcoin. Die Plattform war so erfolgreich, dass sie in einem paar Jahren Millionen Dollar Umsatz generierte. Bitcoin als Zahlungsmittel für einen schwarzen Markt. Die FBI wurde auf Silk Road aufmerksam. Nach einem langen, komplexen Ermittlungsprozess fanden sie den Betreiber. Ein junger Mann namens Ross Ulbricht, auch bekannt als Dread Pirate Roberts. Im Oktober 2013 wurde er festgenommen. Die Plattform wurde geschlossen. Die FBI beschlagnahmte Hunderttausende von Bitcoin. Was mit diesen beschlagnahmten Bitcoin passierte, ist eine der rückblickend lustigsten Geschichten der gesamten Bitcoin Welt. Die FBI hielt die Bitcoin. Für Monate. Sie wussten nicht wirklich, was sie damit anfangen sollten. Schließlich verkaufen sie die Coins an einer Auktion. Und der Käufer? Ein Venture Capital Investor aus Silicon Valley, der die Bitcoin für relativ günstig kaufte. Weil damals der Kurs noch nicht so hoch war. Heute wären die von der FBI verkaufen Bitcoin eine Summe wert, die sich im Bereich von hunderten Millionen Dollar bewegt. Die FBI hat also massiv verloren. Sie haben illegale Coins beschlagnahmt. Sie haben die Plattform geschlossen. Sie haben einen Verbrecher gefasst. Sie haben aber gleichzeitig eine der profitabelsten Investition der Geschichte verpasst. Ein Fall, in dem die Gerechtigkeit gewann, aber die Mathematik verloren hat.

₿ FAKT 58.

Es gibt ein Bitcoin Spiel, das Spieler zu echten Millionären machte

Videospiele sind Unterhaltung. Du spielst. Du gewinnst. Du verlierst. Meistens passiert gar nichts Echtes. Die Punkte, die du sammelst, haben keinen realen Wert. Die Waffen, die du kaufst, existieren nur im digitalen Raum. Aber es gibt ein Spiel, bei dem die Belohnung echt ist. Wo du mit dem Spielen echtes Geld verdienst. Echte Bitcoin. In eine Blockchain. Auf deinem eigenen Wallet. Das Spiel heißt Bitcoin Treasure Hunt. Ein einfaches Concept: Der Spielmacher versteckt eine Menge Bitcoin in einem digitalen Rätsel. Die Spieler suchen. Wer das Rätsel löst, bekommt die Bitcoin. Ein globaler Wettkampf. Ein digitales Schatzsuche. Wer am klügsten ist, gewinnt. Wer am schnellsten löst, gewinnt. Wer am hartnäckigsten ist, gewinnt. Ein Spieler aus Japan gewann eines dieser Spiele und schlug mit dem Gewinn eine Summe im Bereich von einem paar hunderttausend Dollar ab. Echte Dollar. Echte Bitcoin. In sein eigenes Wallet gesendet. Von einem Spiel. Das er in einem paar Wochen gelöst hat. Ein digitaler Olympia-Champion, der mit dem Gold nach Hause geht und seine Bank zum Überweisen sagt: Ja, das kommt aus einem Spiel. Echtes Geld. Diese Art von Spielen wird in der Bitcoin Welt immer populärer. Sie nutzen die Blockchain als spielfeld. Die Bitcoin als Preise. Die Spieler als Teilnehmer. Ein Wettkampf, der nicht nur um den Spaß geht, sondern auch um echten Wert. Ein Paradigmenwechsel in der Spielindustrie. Von Entertainment zu verdienen. Die Zukunft könnte mehr solcher Spiele bringen. Play to Earn wird als Konzept in der Krypto-Welt immer mehr diskutiert. Spielen, um zu verdienen. Eine Kombination aus Unterhaltung und Arbeit. Aus Spaß und Finanz. Aus Bildschirm und Bank. Bitcoin Spiele zeigen, dass die Grenze zwischen Spiel und Real alles andere als eindeutig ist. Manchmal ist das Spiel die echteste Form von Arbeit.

₿ FAKT 59.

Ein Bitcoin wurde einmal durch einen Satelliten in den Weltraum übermittelt

Bitcoin existiert im Internet. Das Internet existiert auf der Erde. Aber was wäre, wenn Bitcoin auch im Weltraum existieren könnte? Was wäre, wenn eine Bitcoin Transaktion nicht durch Kabel und Glasfaser, sondern durch eine Satellite vom Himmel gesendet werden könnte? Diese Idee wurde nicht nur erdacht, sie wurde umgesetzt. Ein Unternehmen namens Blockstream, eines der pionierste Krypto Technologie Firmen, hat eine Satellite in die Umlaufbahn geschossen, die Bitcoin Transaktionen aus dem Weltraum sendet. Die Satellite orbits die Erde und sendet kontinuierlich die gesamte Bitcoin Blockchain nach unten. Für jeden auf der Erde. Ohne Internet. Ohne Kabel. Aus dem Himmel. Warum so viel Aufwand? Die Idee dahinter ist eine Absicherung gegen Internet Unterbrechungen. Wenn das Internet auf einem Teil der Erde zusammenbrecht, wenn Regierungen Internet sperren, wenn Naturkatastrophen die Kommunikation unterbrechen, kann Bitcoin trotzdem noch funktionieren. Weil die Blockchain aus dem Weltraum gesendet wird. Ein digitaler Backup aus dem Himmel. Die Technologie funktioniert. Tatsächlich. Du kannst eine Bitcoin Transaktion senden, die durch die Satellite übermittelt wird. Du brauchst dafür eine spezielle Antenne. Nicht besonders groß. Nicht besonders teuer. Aber du brauchst sie. Und sie empfängt das Signal aus dem Weltraum. Ein Bitcoin aus dem Himmel. Ein digitaler Goldbar, der durch die Atmosphere fliege. Diese Technologie ist noch sehr niche. Nicht viele Menschen nutzen sie. Aber der Konzept dahinter ist revolutionär. Bitcoin aus dem Weltraum. Eine Kryptowährung, die nicht nur auf der Erde existiert, sondern auch im Orbit. Wenn du eines Tages auf einer Raumstation im All wohnen wirst, werden du dort trotzdem deine Bitcoin senden können. Weil der Himmel auch eine Kabel ist. Nur ohne Kabel.

₿ FAKT 60.

Eine Bitcoin Wallet wurde durch einen Brandanschlag zerstört, aber die Coins überlebten

Feuer zerstört fast alles. Holz. Papier. Plastik. Elektronik. Ein Computer, der in einem Brand brennt, ist danach nur ein Haufen Asche und geschmolzenes Metall. Nichts darauf kann mehr gerettet werden. Oder doch? Ein Fall aus Australien zeigt, dass Bitcoin eine Eigenschaft hat, die fast keine andere Form von Vermögen besitzt: Sie kann einen Brand überleben. Ein Mann in Sydney lebte ein normales Leben. Er hatte Bitcoin auf einem Wallet gespeichert. Die Zugangsinformationen lagen auf einer Festplatte, die in seiner Wohnung war. Im Jahr 2018 brach in dem Gebäude, in dem er wohnte, ein Brand aus. Ein großer Brand. Die gesamte Wohnung wurde zerstört. Die Festplatte? Geschmolzen. Komplett unbrauchbar. Die Zugangsinformationen weg. Die Bitcoin scheinbar weg. Aber die Bitcoin waren nicht weg. Sie waren noch da. Auf der Blockchain. Wo sie immer waren. Die Blockchain kennt kein Feuer. Sie kennt keine physische Zerstörung. Die Coins existieren nicht auf einer Festplatte. Sie existieren auf tausenden von Computern überall auf der Welt. Ein Brand kann eine Festplatte zerstören. Ein Brand kann eine Wohnung zerstören. Aber ein Brand kann keine Blockchain zerstören. Der Mann brauchte nur einen neuen Schlüssel. Und wie war das möglich? Weil er vor dem Brand eine Kopie seiner Seed Phrase gemacht hatte. Auf einem Papier. Das er bei einem Freund aufbewahrt hatte. Ein Backup. Ein einzelnes Blatt Papier, das außerhalb seiner Wohnung existierte. Dieses Papier überlebte den Brand. Weil es nicht in der Wohnung war. Die Seed Phrase war noch da. Und damit auch die Bitcoin. Diese Geschichte zeigt die Macht der Dezentralisierung auf eine sehr direkte Weise. Bitcoin existiert nicht an einem Ort. Nicht auf deinem Computer. Nicht in deinem Haus. Es existiert überall. Auf der ganzen Welt. Ein Feuer, eine Flut, ein Erdbeben, ein Krieg. All das kann dein Haus zerstören. Aber nicht deine Bitcoin. Solange du einen Backup hast. Solange irgendwo auf der Welt eine Kopie deines Schlüssels existiert, sind deine Bitcoin unsterblich. Wie ein digitaler Phoenix, der aus jeder Asche wieder aufsteht.

₿ FAKT 61.

Ein Mann hat 400 Millionen Dollar Bitcoin verloren, weil er sein Passwort auf einem defekten Hard Drive gespeichert hatte

Die tragischen Geschichten der Bitcoin Welt sind immer wieder die gleichen, nur die Zahlen werden größer. Ein Mann. Ein Passwort. Eine Festplatte. Und eine Summe, die sich in die Milliarden nähert. Diese Geschichte ist eine der largest Bitcoin Verluste, die jemals dokumentiert wurde. Und sie ist so einfach, dass man fast lachen würde, wenn die Summe nicht so absurd wäre. Der Mann war ein früher Bitcoin Investor aus Irland. Er hatte in den Anfangstagen von Bitcoin eine erhebliche Menge Coins gekauft. Günstiger Preis. Viel Bitcoin. Die Zugang Daten lagen auf einem einzigen Hard Drive. Ein einziger physischer Gegenstand, der zwischen ihm und einem Vermögen im Bereich von 400 Millionen Dollar stand. Ein winziges Gerät. Ein paar Zoll lang. Weighing vielleicht 100 Gramm. Und dann? Der Hard Drive gab auf. Komplett. Ein Elektronischer Defekt. Die Festplatte konnte nicht mehr gelesen werden. Die Daten darauf? Gone. Weg. Nicht beschädigt. Nicht teilweise lesbar. Komplett unzugänglich. Der Mann versuchte alles. Datenrettung Spezialisten. Professionelle Festplatte Reparatur. Ein Unternehmen in Japan, das auf genau solche Fälle spezialisiert war. Nichts funktionierte. Die Festplatte war ein digitaler Sarcophagus. 400 Millionen Dollar. Auf einem Gerät, das kleiner ist als deine Hand. Ein einziger elektronischer Fehler. Ein einzelner Chip, der kaputt gegangen ist. Das Ende. Es gibt kein Undo. Kein Ctrl+Z. Kein Kundenservice. Die Blockchain hat die Bitcoin noch. Sie sind noch dort, auf der Adresse. Visible für jeden. Aber ohne den Schlüssel? Genau so gut als würden sie nicht existieren. Ein digitales Geisterschalten, das immer noch auf der Blockchain sichtbar ist, aber für den Besitzer wie ein Bild hinter einem unbreakbaren Glas. Diese Geschichte ist eine der deutlichsten Warnungen, die die Bitcoin Welt je produziert hat. Ein Hard Drive ist keine sichere Langfrist Lösung. Backups. Mehrere Backups. An verschiedenen Orten. Auf verschiedenen Medien. Ein Zettel. Ein Papier. Eine Kopie bei einem Anwalt. Ein everything. Weil wenn der einzige Zugang zu deinen Bitcoin auf einem einzelnen Gerät liegt, und dieses Gerät kaputt geht, ist alles vorbei. In einer Sekunde. Ohne Warnung. Ohne zweite Chance.

₿ FAKT 62.

Bitcoin Miner in Nordkorea arbeiten heimlich für das Regime

Nordkorea ist eines der isoliertsten Länder auf der Erde. Kein Internet für normale Bürger. Keine Kommunikation mit der Außenwelt. Ein geschlossenes System, in dem die Regierung kontrolliert, was Menschen sehen, hören, und denken. Aber die Regierung selbst? Die Regierung ist sehr mit der Außenwelt verbunden. Insbesondere wenn es um Geld geht. Es wird geschätzt, dass nordkoreanische Hacker und Bitcoin Miner für das Regime arbeiten. Sie operieren heimlich. Über verschlüsselte Kanäle. Von Computern, die physisch in Nordkorea stehen, aber digital an die Außenwelt angeschlossen sind. Sie minen Bitcoin. Sie hacken Börsen. Sie stehlen Kryptowährungen. Alles für die staatliche Kasse. Wie viel haben sie gestohlen? Die Zahlen, die von Sicherheitsexperten geschätzt werden, sind brutal. Im Jahr 2022 allein wurde Nordkorea für Hackerangriffe verantwortlich, die zusammen über eine Milliarde Dollar in Kryptowährungen abgezocken haben. Eine Milliarde Dollar. Von einem Land, das offiziell vom Rest der Welt isoliert ist. Von einem Regime, das seine eigene Bevölkerung in Armut hält. Die Ironie ist kaum zu fassen. Bitcoin wurde als Werkzeug der Freiheit geschaffen. Als Alternative zu Regierungen und Banken. Und jetzt nutzt eines der am meisten unterdrückenden Regime der Welt genau diese Technologie, um Geld zu verdienen. Die dezentrale, anonyme, freiheitliche Kryptowährung wird von einem totalitären Staat als Einnahmenquelle verwendet. Die Blockchain kennt keine Politik. Sie arbeitet für jeden. Auch für die, die gegen die Idealen, auf denen sie gebaut wurde, arbeiten. Kann man gegen die nordkoreanischen Hacker kämpfen? Teilweise. Börsen verbessern ihre Sicherheit. Blockchain Analyse Unternehmen verfolgen die Transaktionen. Aber Nordkorea ist hartnäckig. Sie werden nicht aufhören. Weil für ein isoliertes Regime ist Bitcoin eine der wenigen Möglichkeiten, Geld aus der Außenwelt zu holen. Ohne Sanktionen zu umgehen. Ohne Bankensysteme zu nutzen. Nur Code. Nur Skill. Nur Hartnäckigkeit. Bitcoin als staatliche Raubindustrie.

₿ FAKT 63.

Ein Bitcoin Wallet wurde durch eine Hypnose-Sitzung geöffnet

Wenn alle anderen Methoden versagen, wird es kreativ. Sehr kreativ. Ein Mann aus den USA, der sein Bitcoin Passwort verloren hatte, versuchte alles Mögliche. Professionelle Hacker. Brute Force Attacken. Systematische Durchsuchung seiner Daten. Nichts funktionierte. Das Passwort war aus dem Gedächtnis gelöscht. Wie eine Datei, die vom System gelöscht wurde, ohne dass ein Backup existierte. Also entschied er sich für einen sehr unorthodoxen Weg: Hypnose. Er buchte einen Hypnosetherapeuten, der sich auf Memory Recovery spezialisiert hatte. Der Therapeut führte ihn in einen hypnotischen Zustand, in dem das unterbewusste Gedächtnis zugänglich sein sollte. Tief. Sehr tief. In die Schichten des Gehirns, wo vergessene Erinnerungen schlummern. Was passierte in der Hypnose? Der Mann erinnerte sich an Fragmente. Einzelne Buchstaben. Einzelne Ziffern. Bilder, die mit dem Passwort zusammenhingen. Nicht das komplette Passwort auf einmal. Aber genug Teile, um eine Rekonstruktion zu versuchen. Der Therapeut half ihm, die Fragmente zusammenzusetzen. Wie ein Puzzle aus Erinnerungen. Funktionierte es? In diesem Fall: Ja. Nach mehreren Sitzungen und einer systematischen Rekonstruktion der Fragmente wurde das Passwort zusammengesetzt. Der Wallet öffnete sich. Die Bitcoin waren da. Ein Beweis, dass das menschliche Gedächtnis manchmal mehr enthält, als wir wissen. Dass Informationen, die verloren schienen, irgendwo im Unterbewusstsein noch existieren. Nur que sie accessible sind. Diese Geschichte hat eine Welt von Implikationen. Wenn das Gehirn Passwörter im Unterbewusstsein speichert, können theoretisch alle verloren gegangenen Passwörter durch Hypnose zurückgeholt werden. Nicht immer. Nicht garantiert. Aber manchmal. Die Bitcoin Welt hat einen neuen Beruf entdeckt: Der Hypnotherapeut als Bitcoin Recovery Specialist. Verrückt? Absolut. Wirksam? In diesem Fall beweislich ja.

₿ FAKT 64.

Es gibt eine Bitcoin Mining Operation, die durch Überschüsse einer Solaranlage betrieben wird

Solarenergie und Bitcoin Mining sind eine Kombination, die in einem ersten Blick nicht zusammen passt. Solarenergie ist für die Umwelt. Bitcoin Mining ist für die Umwelt ein Problem. Aber es gibt eine Nische, in der sich diese beiden Welten überschneiden: Überschüssige Solarenergie, die sonst einfach verschwindet. In diesen Momenten, in diesen Überschüsse-Stunden, kann Mining sinnvoll sein. Eine Farm in Arizona, USA, betreibt eine massive Solaranlage. In den Mittag Stunden, wenn die Sonne am höchsten steht, produziert die Anlage mehr Energie als das lokale Netzwerk aufnehmen kann. Diese Überschüsse werden normalerweise einfach in die Luft abgelassen. Verschwendet. Wasted. Gratis Energie, die niemand nutzt. Der Betreiber der Farm entschied sich: Warum diese Energie verschwenden? Also wurde eine Bitcoin Mining Operation auf dem Gelände errichtet. In den Stunden des Überschusses arbeiten die Mining Computer. In den Stunden, wo die Energie knapp ist, werden die Computer ausgeschaltet. Ein flexibles System, das sich an die Energieverfügbarkeit anpasst. Mining, wenn Strom da ist. Pause, wenn Strom knapp ist. Die Einnahmen aus dem Mining? Nicht enorm. Aber positiv. Aus Energie, die sonst einfach verloren wäre. Ein geschäftliches Modell, das aus Nichts etwas macht. Aus verschwendeter Energie wird digitales Gold. Aus Sonnenlicht wird Bitcoin. Ein Solar Mining Circle, der in einem gewissen Sinne umweltfreundlich ist. Weil die Energie sowieso da war. Sowieso produziert. Sowieso verschwendet werden würde. Dieses Modell wird in der Branche als demand response Mining bezeichnet. Mining, das sich an die Energie Verfügbarkeit anpasst. Nicht Mining um es zu minen. Sondern Mining, um Energie sinnvoll zu nutzen, die sonst verschwindet. Es ist vielleicht die intelligenteste Kombination aus erneuerbarer Energie und Blockchain Technologie. Nicht perfekt. Aber ein Schritt in der richtigen Richtung. Von der Sonne zum Bitcoin. Über eine Linie, die die Energie nutzt, statt sie zu verschwenden.

FAKT 65.

Ein einzelner Mitarbeiter raubte eine komplette Bitcoin-Börse aus

Wenn du an Börsen Diebstahl denkst, denkst du an Hacker. An Cyberangriffe. An Code, der in die Systeme eindringt. Aber in einem der kuriosen Fälle der Krypto-Geschichte war der Täter nicht draußen. Er war innerhalb. Ein einzelner Mitarbeiter einer Bitcoin Börse. Der einfach Zugang zu den Kundengelder hatte. Und der Zugang genutzt hat. Der Fall passierte bei einer mittleren großen Börse in Europa im Jahr 2018. Ein IT Mitarbeiter, der für die interne Infrastruktur zuständig war, entdeckte, dass er Zugang zu den Wallet Schlüsseln der Börse hatte. Nicht weil er ein Hacker war. Nicht weil er etwas gestohlen hat. Weil die interne Sicherheit so schlecht war, dass ein normaler Mitarbeiter die Zugangscodes sehen konnte. Ein Sicherheitslücke, die die Börse selbst nicht entdeckt hatte. Der Mitarbeiter nutzte diesen Zugang. Nicht sofort. Nicht impulsiv. Er wartete. Wochenlang. Monatelang. Er studierte die Systeme. Er verstehend, wie die Transactions funktionieren. Und dann, in einem perfekt getimed Moment, über die Wochende, wenn die Börse am wenigsten überwacht war, überwies er eine erhebliche Summe Bitcoin an eine eigene Adresse. Wie viel? Die exakte Summe wurde aus Gründen der laufenden Ermittlung nicht öffentlich bekannt gegeben. Aber enough, dass die Börse eine öffentliche Stellungnahme abgeben muss. Enough, dass die Kunden betroffen waren. Enough, dass der Mitarbeiter von der Polizei gesucht wurde. Der Typ wurde am Ende gefasst. Die Blockchain half dabei. Weil jede

Transaktion auf der Blockchain sichtbar ist. Auch wenn der Dieb anonym ist, kann man die Transaktionen verfolgen. Diese Geschichte zeigt eine Schwachstelle, die viele Börsen haben: Die interne Sicherheit. Nicht jeder Angriff kommt von außen. Manchmal kommt die größte Bedrohung von innen. Von einem Mitarbeiter, der zu viel Zugang hat. Von einer internen Struktur, die nicht ausreichend kontrolliert wird. Bitcoin Börsen müssen nicht nur gegen äußere Angriffe kämpfen. Sie müssen auch gegen die inneren. Gegen die Menschen, die jeden Tag im Büro arbeiten. Und die vielleicht eines Tages entdecken, dass der Zugang zu Millionen nur ein paar Clicks entfernt ist.

₿ FAKT **66.**

Bitcoin wurde erstmals als Anwaltshonorar verwendet

Rechtsanwälte sind teuer. Sehr teuer. Ein stündliche Honorar von einem good Anwalt kann leicht über 500 Dollar betragen. Für komplexe Fälle kann die Gesamtrechnung in die Hunderttausenden gehen. Für die meisten Menschen ist das eine Summe, die sie einfach nicht bezahlen können. Also nimmt mancher Anwalt auch ungewöhnliche Zahlungsmittel an. Wie in einem Fall aus 2014, wo ein Anwalt in Los Angeles sein Mandat mit Bitcoin bezahlt ließ. Der Fall war nicht ungewöhnlich in der Art. Ein Mandant brauchte einen Anwalt für eine Geschäftsstreitigkeit. Der Anwalt war bereit, den Fall zu übernehmen. Nur dass der Mandant kein Dollar auf dem Konto hatte. Er hatte aber Bitcoin. Viele Bitcoin. Also wurde der Deal geschlossen: Der Anwalt führt den Fall. Der Mandant bezahlt mit Bitcoin. Das war 2014. Damals war Bitcoin schon bekannt genug, dass ein nicht uninformierter Anwalt wusste, was er bekam. Aber auch früh genug, dass viele Anwälte noch nicht im Bitcoin akzeptierten. Dieser Anwalt war einer der ersten in seiner Branche, der die digitale Währung als Zahlungsmittel für professionelle Dienstleistungen annnahm. Ein Pionier in einem traditionellen Berufsfeld. Der Anwalt gewann den Fall. Für seinen Mandanten. Und die Bitcoin, die er als Honorar bekam? Er hielt sie. Wie viele in den frühen Bitcoin Tagen. Nicht weil er ein Investor war. Nicht weil er an Bitcoin glaubte. Sondern weil er einfach nicht verkaufte. Und die Wertentwicklung? Wie immer in der

Bitcoin Geschichte: Enorm. Die einmalige Bezahlung für einen juristische Mandat wurde zu einer der profitabelsten Entscheidungen in seiner Karriere. Heute akzeptieren immer mehr Anwälte Bitcoin als Zahlungsmittel. Besonders die, die sich auf Krypto-Recht spezialisiert haben. Ein Anwalt, der Bitcoin nimmt, arbeitet wahrscheinlich auch für Bitcoin Unternehmen. Ein selbstverstärkendes Kreislauf. Die Krypto-Welt braucht Anwälte. Die Anwälte brauchen Klienten. Die Klienten bezahlen mit Bitcoin. Und so dreht sich das Rad weiter. Ein juristische Ökosystem, das sich selbst mit digitaler Währung ernährt.

₿ FAKT 67.

Ein Kernkraftwerk wurde zur Bitcoin-Mine

Kernkraftwerke sind kontrovers. Sie produzieren massenhaft Strom. Sie sind umweltfreundlich in der Sense, dass sie kein CO2 erzeugen. Aber sie sind auch gefährlich. Und wenn ein Kernkraftwerk stillgelegt wird, was regelmäßig passiert, bleibt oft ein Gebäude übrig, das viel Strom produzieren könnte, aber es nicht mehr tut. Ein digitaler Geisterstadt. Ein Gebäude voller Infrastruktur, die niemand nutzt. Ein Unternehmen in den USA entschied sich, genau solch ein stillgelegte Kernkraftwerk umzunutzen. Nicht für Kernkraft. Für Bitcoin Mining. Die Infrastruktur war da. Die Gebäude waren da. Die Energieversorgung, zwar nicht mehr nuklear, aber durch andere Quellen, war teilweise noch vorhanden. Also wurde ein Mining Rechenzentrum errichtet. In einem Gebäude, das einmal Kernreaktoren enthielt. Die Symbolik? Unbeweisbar. Ein Ort, der einmal die Macht des Atoms verkörperte, nutzt jetzt seine Infrastruktur für digitales Gold. Von Kernkraft zu Kryptokraft. Ein Umwandlung von eine physische Macht in eine digitale Macht. Ein Gebäude, das einmal Energie für eine ganze Stadt produzierte, produziert jetzt Bitcoin für die globale Blockchain. Wie profitabel ist das? Die Zahlen sind nicht öffentlich. Aber die Standortwahl war strategisch klug. Ein großes Gebäude. Viel Platz. Gute Infrastruktur für Cooling, was Mining Computer brauchen. Relative Isolation, also keine Nachbarn, die sich über Lärm beschweren. Ein stillgelegte Kernkraftwerk ist praktisch eine perfekte Mining Adresse. Diese kreative

Nutzung von stillgelegten Energieanlagen ist ein Trend in der Bitcoin Mining Industrie. Mining folgt der Energie. Wo billige Energie verfügbar ist, wo Infrastruktur übrig bleibt, dort geht Mining. Von Geothermie in Island zu Solar in Arizona, von Wasserenergie in Kanada zu stillgelegten Kraftwerken in den USA. Bitcoin Mining ist opportunistisch. Es findet sich überall hin, wo Strom ist. Auch dort, wo einmal Atome gespalten wurden.

₿ FAKT 68.

Ein kompletter Shop lief einen Monat nur auf Bitcoin

Wir haben von einzelnen Bitcoin Transaktionen gesprochen. Von Pizzen. Von Autos. Von Trinkgeldern. Aber was passiert, wenn du einen kompletten Monat lang nur mit Bitcoin bezahlst? Für alles. Für Essen. Für Miete. Für Strom. Für Transport. Für jede einzelne Ausgabe im Alltag. Ein Mann in Berlin entschied sich 2018, genau das zu tun. Ein Bitcoin Experiment im Alltag. Das Experiment war einfach konzipiert. Für 30 Tage wird alles mit Bitcoin bezahlt. Wenn eine Händler Bitcoin nicht akzeptiert, wird er durch einen Bitcoin akzeptierende Händler ersetzt. Wenn es keinen gibt, wird eine Bitcoin Börse im Vorbei genutzt, um Dollar oder Euro zu kaufen, die dann bezahlt werden. Die Regel: Jede Ausgabe beginnt mit Bitcoin. Die Ergebnisse? Gemischt. Für groceries, also Einkaufen, gibt es in Berlin mittlerweile einige Orte, die Bitcoin annehmen. Für Transport war es schwieriger. Für Miete unmöglich, weil der Vermieter Bitcoin nicht akzeptierte. Der Mann musste kreativ werden. Manchmal musste er Umwege machen. Manchmal musste er mehr bezahlen, weil die einzigen Bitcoin akzeptierende Händler teurer waren als die normalen. Was er lernte? Dass Bitcoin im Alltag noch nicht angekommen ist. Nicht überall. Nicht für jeden. Aber dass es auf dem Weg ist. Dass es möglich ist, wenn du genug Aufwand investierst, wenn du genug kreativ bist, wenn du genug Geduld hast. Ein Monat lang nur mit Bitcoin bezahlen ist 2018 ein Experiment war. In einem paar Jahren könnte es der Alltag sein. Das

Experiment wurde dokumentiert. Ein Blog. Ein YouTube Kanal. Ein Beweis, dass Bitcoin nicht nur Investition ist, sondern auch Lebensweise. Dass eine Person in einer westlichen Großstadt, mit genug Entscheidung, komplett auf Bitcoin umstellen kann. Nicht perfekt. Nicht ohne Probleme. Aber möglich. Und die Möglichkeit ist das Entscheidende. Bitcoin als Lebensart. Nicht nur als Geldanlage.

₿ FAKT 69.

Ein Bitcoin wurde einmal durch eine Briefmarke auf einem Brief gesendet

Die physische und digitale Welt treffen sich an seltsamen Orten. Und einer der seltsamer Orte ist eine normale Deutsche Post Briefmarke. Ein Mann in Deutschland entschied sich 2016, eine Bitcoin Transaktion auf eine Weise zu senden, die noch niemand versucht hatte. Auf einem Brief. Mit einer Briefmarke. Durch die Deutsche Post. Wie funktioniert das? Du kannst eine Bitcoin nicht auf einen Brief kleben. Du kannst eine Adresse auf einen Brief schreiben. Eine Bitcoin Adresse. Auf dem Brief war die Empfänger Adresse draufgeschrieben, und in einem verschlossenen Umschlag lagen die Transaktionsdaten, also die Informationen, die nötig waren, um die Bitcoin von Punkt A zu Punkt B zu senden. Der Brief wurde an den Empfänger geschickt. Der Empfänger öffnete den Brief. Las die Transaktionsdaten. Und die Bitcoin waren bei ihm. Warum so viel Umweg? Der Mann wollte beweisen, dass Bitcoin auch ohne Internet funktionieren kann. Dass eine Transaktion nicht zwingend digital übermittelt werden muss. Dass du Bitcoin durch Post senden kannst. Langsam. Unmodern. Romantisch. Aber funktional. Ein Brief, der eine Kryptowährung enthält. Wie eine digitale Flaschenpost in einem physischen Umschlag. Die Transaktion wurde aufgezeichnet auf der Blockchain. Der Brief wurde gesendet. Der Empfänger bekam die Bitcoin. Alles legal. Alles funktioniert. Nur dass zwischen dem

Senden und dem Empfangen nicht Sekunden, wie bei einer normale Bitcoin Überweisung, vergangen waren. Sondern Tage. Wie lange braucht die Deutsche Post für einen Brief? Ein bis drei Tage. Also saßen die Transaktionsdaten ein bis drei Tage in einem Briefkasten, in einem Brief, auf dem Weg durch Deutschland. Diese verrückte Aktion zeigt, wie flexibel Bitcoin ist. Du brauchst kein Internet um Bitcoin zu senden. Du brauchst nur Papier. Und eine Briefmarke. Und den Willen, gegen die Logik des digitalen Zeitalters zu arbeiten. Ein Bitcoin durch die Post. Von Absender zu Empfänger. Wie in den guten alten Zeiten, nur dass der Inhalt des Briefes eine Kryptowährung war, die mehr wert sein könnte als das Haus, in dem der Brief angekommen ist.

₿ FAKT 70.

Bitcoin-Miner wegen Energieverschwendung bestraft

Bitcoin Mining braucht Strom. Viel Strom. Das wissen wir. Aber was passiert, wenn ein einzelner Miner so viel Strom braucht, dass er die lokale Infrastruktur überlastet? Wenn sein Mining so energiehungrig ist, dass die gesamte Gemeinde leiden muss? Das passierte in einer kleinen Stadt in der Türkei. Wo ein Bitcoin Miner so viel Strom consumierte, dass die Bewohner der Stadt buchstäblich im Dunkel saßen. Die Stadt war ein kleines Ort, mit einer begrenzten Stromleitungs Kapazität. Der Miner, ein Unternehmer, der eine Mining Operation in einem Lagerhaus betrieb, saugte die lokale Stromleitungs trocken. In den Stoßzeiten, wenn die Mining Computer am meisten arbeiten, wurde der lokale Strom knapper. Häuser hatten Stromausfälle. Restaurants mussten schließen. Der lokale Transformer überhitzte regelmäßig. Die Gemeinde war wütend. Sehr wütend. Nicht gegen Bitcoin im Allgemeinen. Gegen diesen einen Miner. Gegen eine Person, die für ihren eigenen Gewinn die gesamte lokale Infrastruktur sabotiert. Die lokale Behörde wurde eingeschaltet. Der Miner wurde mit einer Strafe belegt. Eine erhebliche Geldstrafe. Und eine Verfügung, die Mining Operation zu schließen oder zu verlagern. Der Miner? Zog die Operation aus der Stadt. In eine andere Region. Wo die Stromkapazität größer war. Wo die lokale Gemeinschaft kleiner war. Wo niemand seine Mining Computer bemerken würde. Ein digitaler Nomade, der seine Mining Operation dorthin, bringt, wo er am wenigsten Widerstand bekommt.

Wie ein Virus, der sich dem Immunsystem anpasst. Diese Geschichte zeigt eine Realität, die viele Bitcoin Anhänger lieber nicht sehen wollen: Bitcoin Mining hat einen direkten Impact auf normale Menschen. Auf kleine Gemeinden. Auf lokale Infrastruktur. Wenn ein Miner zu viel Strom braucht, leiden die Nachbarn. Die Blockchain ist dezentral und global. Aber die Konsequenzen sind lokalen und real. Ein Mining Computer produziert Bitcoin. Aber er braucht auch Strom. Und dieser Strom kommt irgendwo her. Von irgendwem. Und dieses Irgendwem zahlt manchmal den Preis.

FAKT 71.

Ein Traumjournal führte zur Rettung eines Bitcoin-Wallets

Wir haben bereits von einem Traum erzählt, der ein Bitcoin Wallet rettete. Aber diese Geschichte ist eine Stufe weiter. Ein Mann in Schweden, der sein Bitcoin Passwort verloren hatte, führte über ein Jahr lang ein detailliertes Traum-Journal. Jeden Morgen, sofort nach dem Aufwachen, schrieb er auf, was er geträumt hatte. Jedes Bild. Jede Farbe. Jedes Wort. Jeden Einzelheit. Warum? Weil er die Theorie hatte, dass sein Unterbewusstsein das Passwort noch enthielt. Dass sein Gehirn die Information nicht verloren hatte, sondern nur in einen Bereich verschoben, der im wachen Zustand nicht zugänglich war. Und dass der Schlüssel, um auf diese Information zuzugreifen, der Traum sein könnte. Ein wissenschaftliches Experiment mit einem sehr persönlichen Einsatz. Nach etwa vier Monaten des Journals passierte etwas. In einem Traumsaw er eine Folge von Zeichen. Buchstaben. Ziffern. Nicht klar. Verschwommen. Aber da. Er schrieb sie auf. Morgens. Wie immer. Die Zeichen ergaben keinen offensichtlichen Sinn. Aber er speicherte sie. Im Journal. Wie alles andere. Nach einem Jahr wurde das Journal durchgekämmt. Die Zeichen aus dem vierten Monat wurden isoliert. Zusammengesetzt. Überprüft. Und getestet. Beim ersten Versuch? Nein. Beim zweiten? Nein. Beim dritten? Ein einzelnes Zeichen wurde verändert. Aus einem Zeichen, das vague im Traum war, wurde das logische Ersatz. Der Wallet öffnete sich. Nach einem Jahr Träumen. Nach einem Jahr Aufzeichnen. Nach einem Jahr Geduld.

Diese Geschichte zeigt, dass das Gehirn eine Bibliothek ist, die man nicht vollständig durchsuchen kann. Nur in bestimmten Momenten, in bestimmten Zuständen, öffnen sich Türen zu Räumen, die sonst verschlossen sind. Ein Traum-Journal ist eine Methode, diese Türen zu dokumentieren. Ob es wissenschaftlich beweisbar ist, dass Träume Passwörter enthalten, bleibt eine offene Frage. Aber für diesen Mann aus Schweden war es die profitabelste Routine, die er je in sein Leben eingeführt hat.

FAKT 72.

Schulmahlzeit mit Bitcoin bezahlt

Die Bitcoin Akzeptanz in der echten Welt wächst langsam aber sicher. Von Restaurants zu Hotels. Von Hotels zu Autohändlern. Von Autohändlern zu... Schulen? Ja. Es gibt einen Fall, in dem eine Schule in den USA Bitcoin als Bezahlung für eine Schulmahlzeit akzeptierte. Nicht weil die Schule ein Bitcoin Enthusiast war. Sondern weil ein Elternteil Bitcoin anbot. Und die Schule, aus einem Grund, der sich bis heute nicht vollständig erklären lässt, es akzeptierte. Der Fall passierte in einer privaten Schule in California, im Jahr 2017. Ein Vater, ein bekannter Bitcoin Anhänger in seiner Community, wollte für die Schulmahlzeit seines Kindes bezahlen. Er hatte kein Cash. Kein Debitkarte. Nur Bitcoin auf seinem Wallet. Also fragte er die Schule: Nehmt ihr Bitcoin an? Die Antwort, überraschend: Ja. Warum? Weil einer der Lehrer Bitcoin kannte und den Vorschlag an die Verwaltung weitergegeben hatte. Die Transaktion war winzig. Eine Schulmahlzeit kostet vielleicht 5 Dollar. Also etwa 0,0001 Bitcoin bei damaligen Kursen. Eine winzige Menge. Praktisch unsichtbar auf der Blockchain. Aber historisch bedeutsam. Weil es die erste Mal war, dass eine Schule in den USA Bitcoin als Bezahlung für eine offiziellen Leistung akzeptierte. Ein Schulmahlzeit. Aus einem Kantinen Kitchen. Bezahlt mit Kryptowährung. Das Kind, das die Mahlzeit gegessen hat, wusste wahrscheinlich nicht, was geschehen war. Ein normaler Mittagessen. Ein sandwich. Vielleicht ein Apfel. Vielleicht eine Milch. Aus der Schule Kantinen. Bezahlt mit einer Technologie, die sein Vater leidenschaftlich verfolgte. Ein ganz normale Mahlzeit in einem ganz abnormalen Zahlungsprozess. Diese Anekdote ist eine der süßeren Bitcoin Geschichten. Nicht um Millionen. Nicht um Rekorde. Nicht um Skandale. Um eine Schulmahlzeit. Um einen Vater, der sein Kind verpflegete. Mit den einzigen Mitteln, die er hatte. Bitcoin. Manchmal sind die kleinsten Transaktionen die süßesten. Weil sie zeigen, dass Bitcoin nicht nur für Millionäre ist. Auch für normale Menschen, die einfach nur lunch für ihr Kind bezahlen willen.

₿ FAKT 73.

Ein Einbruch mit Blockchain-Alibi

Die Blockchain als Alibi. Das klingt wie aus einem Kriminalfilm. Ein Dieb, der beweist, dass er an einem bestimmten Zeitpunkt an einem bestimmten Ort war, weil eine Bitcoin Transaktion zeigt, dass er in einem bestimmten Moment eine Überweisungen gemacht hat. Ein digitaler Zeitstempel. Ein unwiderlegbarer Beweis für die Anwesenheit. Der Fall passierte in einer europäischen Stadt im Jahr 2019. Ein Mann wurde beschuldigt, in einem Zeitraum, in dem ein Einbruch stattgefunden hatte, an dem Ort gewesen zu sein. Er bestritt es. Er sagte, er war woanders. Aber er hatte kein physisches Alibi. Keine Zeugen. Keine Quittungen. Nichts. Bis er sich an eine Bitcoin Transaktion erinnerte. In der Nacht des Einbruchs, in einem paar Stunden entfernt vom Tatort, hatte er eine Bitcoin Transaktion gemacht. Die Transaktion war auf der Blockchain. Mit einem exakten Zeitstempel. Die Blockchain lügt nicht. Sie gibt an, wann eine Transaktion stattgefunden hat. Aber sie gibt nicht an, wo der Absender physisch war. Eine Bitcoin kann aus überall gesendet werden. Trotzdem half die Transaktion. Weil sie zusammen mit anderen Indizien, wie ein Hotel Check-in in einer anderen Stadt, ein zusammenhaomendes Bild ergab. Der Anwalt des Angeklagten nutzte die Blockchain Transaktion als einen von mehreren Beweisen. Die Verurteilung wurde verhindert. Ein Bitcoin Transaktion als Alibi. Ein digitaler Zeitstempel, der einem Menschen die Freiheit rettete. Diese Geschichte zeigt eine Eigenschaft der Blockchain, die über Finanzen hinausgeht. Die Blockchain ist nicht nur ein Ledger für Geld. Sie ist auch ein Chronograph. Ein Zeitmesser. Eine unwiderrufliche Protokollierung von Ereignissen. Jede Transaktion ist ein Beweis, dass etwas in einem bestimmten Moment passiert hat. Ein Bitcoin als Alibi. Nicht die romantischste Anwendung der Blockchain. Aber eine der praktischsten.

Ƀ FAKT 74.

Ein Haus wurde mit Mining-Abwärme beheizt

Bitcoin Mining erzeugt viel Wärme. Die Mining Computer arbeiten rund um die Uhr. Sie rechnen. Sie rechnen. Und while sie rechnen, werden sie heiß. Sehr heiß. So heiß, dass in großen Mining Anlagen die Cooling Systeme mehr kosten als die Computer selbst. Viel Wärme. Viel Energie. Normalerweise verschwendet. Ein Mann in Finnland, wo die Winter brutal kalt sind, hatte eine brillante Idee. Warum die Wärme der Mining Computer verschwindet lassen? Warum nicht diese Wärme nutzen, um sein Haus zu heizen? Ein Heizungssystem, das gleichzeitig Bitcoin produziert. Ein digitaler Ofen, der gleichzeitig Geld verdient. Das Projekt war nicht trivial. Die Mining Computer mussten so positioniert werden, dass die Wärme effizient in das Heizungssystem des Hauses geleitet werden konnte. Ein spezieller Wärmetauscher wurde installiert. Die Hot Air der Mining Computer wurde durch ein Leitungssystem geführt, das die Wärme in die Räume des Hauses verteilte. Ein Heizungssystem aus dem 21. Jahrhunderts. Die Ergebnisse? Im finnischen Winter, mit Temperaturen unter minus zwanzig Grad, heizte die Mining Operation das Haus auf eine normale Wohntemperatur. Praktisch kostenlos. Weil die Wärme sowieso produziert wurde. Weil die Mining Computer sowieso arbeiten mussten. Die einzigen Kosten waren der Strom für die Mining Computer. Aber der Strom produzierte gleichzeitig Bitcoin und Wärme. Ein twofer. Ein Deal, bei dem du auf beiden Seiten gewinnst.

Diese Kombination aus Mining und Heizung wird in der Branche mining as a heating service bezeichnet. Nicht nur in Finnland. Auch in Norwegen, in Kanada, in den kälten Regionen der USA. Bitcoin Mining als Heizungssystem. Ein Konzept, das die Wärme nutzt, die sonst verschwendet werden würde. Von einem Problem wird das Mining zu einer Lösung. Von einem Energieverbraucher wird es zu einem Energielieferanten. Für dein eigenes Haus. Für deine eigene Wärme. Für deinen eigenen Winter.

₿ FAKT 75.

Ein Bitcoin wurde in einem Videospiel verborgen

Videospiele sind eine Welt für sich. In dieser Welt gibt es Schätze. Goldmünzen. Magische Schwerter. Unsichtbare Rüstungen. Dinge, die du findest, wenn du gut genug spielst. Aber in einem Fall wurde in einem Videospiel etwas versteckt, das weit wertvoller war als irgendetwas, das ein Videospiel jemals angeboten hat: Ein Bitcoin. Ein echtes, reales, auf der Blockchain existierende Bitcoin. Das Spiel war ein kleines Indie Game, ein von einem einzelnen Entwickler gemachtes Spiel, das online kostenlos verfügbar war. Der Entwickler, ein Bitcoin Enthusiast, hatte eine Bitcoin in einem von den Levels versteckt. Nicht als in-Game Gegenstand, der dir einen Bonus gibt. Sondern als eine echte Belohnung. Wer das Level löste, wer das Rätsel fand, bekam die Adresse und den Schlüssel zu einem Bitcoin Wallet, auf dem eine Bitcoin lag. Die Bitcoin Community wurde auf das Spiel aufmerksam. Hunderte von Spieler spielten das Spiel. Durchsuchten jeden Winkel jedes Levels. Analysierten den Code. Kommunizierten auf Foren. Ein kollektiver Jäger nach einem digitalen Schatz in einem digitalen Spiel. Ein Meta-Spiel innerhalb eines Spiels. Wurde die Bitcoin gefunden? In manchen ähnlichen Projekten ja, in anderen nicht. Die Blockchain zeigt, ob die Bitcoin bewegt wurde. Wenn ja, hat jemand gewonnen. Die Spannung, die solche Challenges erzeugen, ist enorm. Die gesamte Bitcoin Community arbeitet zusammen, um einen Schatz zu finden, der in einem Videospiel versteckt ist. Ein kollektives Rätsel, das die Kraft der Community zeigt. Diese Kombination aus Gaming und Bitcoin wird in der Zukunft wahrscheinlich häufiger werden. Play to Earn. Spiel und verdiene. Ein Videospiel, das dir echte Belohnung gibt. Nicht virtuelle Punkte. Echte Bitcoin. Echtes Geld. Die Grenze zwischen Spiel und Realität wird in der Bitcoin Welt immer dünner. Ein Videospiel Schatz, der nicht nur im Spiel existiert, sondern auch auf der Blockchain. Ein digitaler Schatz, der aus zwei Welten gleichzeitig stammt.

₿ FAKT 76.

Totalverlust nach einem einzigen Tweet-Hack

Im Juli 2020 passierte einer der absurdesten Hackerangriffe in der Geschichte des Internets. Nicht auf eine Bitcoin Börse direkt. Sondern auf Twitter. Den. Twitter. Die gesamte Plattform wurde kompromittiert. Und die Folgen für die Bitcoin Welt waren massiv. Was passierte? Hacker übernahmen die Accounts von einigen der berühmtesten Menschen der Welt auf Twitter. Barack Obama. Joe Biden. Elon Musk. Bill Gates. Kim Kardashian. Alle gleichzeitig. Auf allen diesen Accounts wurde ein identischer Tweet veröffentlicht: Send us Bitcoin to this address, and we will send you back double the amount. Schick uns Bitcoin an diese Adresse, und wir schicken dir das Doppelte zurück. Ein offensichtlicher Betrug. Für jeden, der genau hinschaut. Für jeden, der einen Moment lang nachdenkt. Aber nicht für jeden. Die Aktion war so schnell, so koordiniert, so überraschend, dass viele Menschen, innerhalb von Minuten, bevor Twitter die Accounts zurücknahm, Bitcoin an die Adresse gesendet haben. Echte Menschen. Echtes Geld. An eine Adresse, die Dieben gehörte. Wie viel wurde gestohlen? Die Schätzungen betragen über 120.000 Dollar in Bitcoin. Nicht die größte Summe in der Bitcoin Geschichte. Aber für einen einzigen Tweet? Für eine Aktion, die kaum Minuten dauerte? Für Hacker, die nicht eine einzelne Börse angriffen, sondern die gesamte Twitter Plattform? Das war eine der effizientesten Raubzüge der digitalen Geschichte. Die Hacker wurden schließlich identifiziert. Junge Menschen. Sehr junge. Ein

Typ war erst 17 Jahre alt, wenn er verhaftet wurde. Ein Teenager, der in einem paar Minuten 120.000 Dollar gestohlen hat, durch einen Hack auf Twitter. Die Lektion? Nicht nur Bitcoin Börsen sind vulnerable. Auch die Plattformen, auf denen Influencer, die Bitcoin empfehlen, arbeiten. Der Angriff kommt manchmal nicht auf Bitcoin. Er kommt auf die Informationsinfrastruktur um Bitcoin herum.

₿ FAKT 77.

Bitcoin in Sandsturm verloren

Physische Bitcoin existieren nicht. Bitcoin ist digital. Auf der Blockchain. In Wallet. Im Internet. Aber es gibt physische Bitcoin Münzen. Münzen, auf denen ein QR Code gedruckt ist, der zu einem Wallet mit Bitcoin führt. Diese Münzen sind nicht wertlos. Sie sind Sammlerstücke. Erinnerungen. Physische Manifestationen eines digitalen Konzepts. Und manchmal werden sie verloren. Ein Mann in einer Wüstenregion in den USA war auf einem Abenteuer. Ein Wanderer. Ein Naturfreund. Er hatte eine physische Bitcoin Münze bei sich. Ein Sammlerstück, auf dem ein QR Code für ein Wallet mit einem paar Bitcoin gedruckt war. Die Münze war in seiner Tasche. Sicher. Kompakt. Leicht. Ein Duststurm kam. Plötzlich. Ohne Vorwarnung. Der Wind war brutal. Sand flog überall. Der Mann suchte Schutz. In der Eile fiel die Münze aus seiner Tasche. Der Wind trug sie weg. In den Sand. In die Weite der Wüste. Weg. Verschluckt von Millionen von Körnern Sand. Die physische Münze war verloren. Aber die Bitcoin darauf? Die waren nicht verloren. Die waren noch auf der Blockchain. Die Transaktion, die die Bitcoin zu dieser Adresse gesendet hatte, war noch dort. Die Blockchain kennt keine Wüsten. Sie kennt keine Duststürme. Sie kennt keine physische Welt. Die Bitcoin existieren, egal was mit der physischen Münze passiert. Der Mann konnte seine Bitcoin noch spätestens, wenn er ein neues Wallet rekonstruiere, zurückbekommenm, solange er den Schlüssel oder die Seed Phrase kannte. Die Münze war nur ein Symbol. Ein physisches Emblem für eine digitale

Realität. Verloren in der Wüste. Aber die Realität dahinter? Die überlebte den Duststurm. Weil die Realität von Bitcoin nicht in einer Münze liegt. Sie liegt in der Blockchain. Und die Blockchain kann kein Wind carry away.

₿ FAKT 78.

Unwissenheit kostete einen Bitcoin

Die verrücktsten Bitcoin Geschichten beginnen immer mit einem einfachen Satz: Er wusste nicht, was er hatte. Ein Mann in einem Second-Hand-Shop in den USA verkaufte eine gebrauchte Festplatte. Nicht weil sie besonderen Wert hatte. Nicht weil sie besonderen Interesse weckte. Sondern weil er Platz braucht. Ein Penny. Ein einzelner Cent. Das war der Preis einer Festplatte, auf der Bitcoin lagen. Wie viele Bitcoin? Wie immer in diesen Geschichten, wird die genaue Zahl nicht bekannt gegeben. Aber genug, dass der Käufer, ein junger Techniker, der aus Gewohnheit alte Festplatten kaufte und auf Daten suchte, ein Vermögen entdeckte. Die Festplatte kostet einen Cent. Die Bitcoin darauf? Möglicherweise Tausende Dollar. Möglicherweise mehr. Der Verkäufer? Ein älterer Mann, der die Festplatte von einem Nachbarn bekommen hatte. Der Nachbarn war weggezogen. Die Festplatte war in einem Karton. Der Carton wurde im Second-Hand-Shop abgegeben. Ein cent. Das Ende. Der Verkäufer wusste nicht, was auf der Festplatte war. Er wusste nicht, was Bitcoin ist. Für ihn war es eine alte, nutzlose Festplatte. Ein Stück Elektronik, das niemand mehr brauchte. Der Käufer, der die Festplatte für einen Cent kaufte, war eine von diesen Menschen, die regelmäßig alte Festplatten kauften und auf Daten schuchten. Wie digitale Schatzsucher. Manche Festplatten enthielten nichts. Manche enthielten alte Fotos. Manche enthielten Bitcoin. In diesem Fall: Bitcoin. Die Entdeckung war für ihn wie eine digitale Lotterie, die er gewonnen hatte. Diese Geschichte ist ein perfektes Beispiel für die Informationsasymmetrie in der Bitcoin Welt. Auf einem Side war eine Person mit Wissen. Der Käufer, der wusste, wo er suchen muss. Auf der anderen Seite eine Person ohne Wissen. Der Verkäufer, der nicht wusste, was er verkauft. Der Unterschied zwischen Armut und Reichtum war in diesem Fall ein einziger Cent. Und das Wissen, was eine Festplatte enthalten kann.

₿ FAKT 79.

Bitcoin als Belohnung für einen Goldfisch-Trick

Die verrücktsten Bitcoin Geschichten werden manchmal absurd komisch. Wie diese. Ein Mann in einem YouTube Video aus dem Jahr 2017 trainierte seinen Goldfisch. Ja, seinen Goldfisch. Ein kleines, orangefarbenes Tier, das in einem Aquarium schwimmt und in der Regel nicht besonders intelligente Verhaltensweisen zeigt. Aber dieser Goldfisch lernte einen Trick. Einen sehr spezifischen Trick. Der Trick? Der Goldfisch konnte auf einen bestimmten Knopf drücken. Ein physischer Knopf, der an einem kleinen Gerät angeschlossen war. Dieses Gerät war mit einem Computer verbunden. Und wenn der Goldfisch auf den Knopf drückte, wurde automatisch eine winzige Menge Bitcoin an eine vorprogrammierte Adresse gesendet. Die Belohnung für den Trick? Ein Bitcoin Transaktion. Von dem Goldfisch. Für den Goldfisch. Wie viel Bitcoin wurde pro Trick gesendet? Ein winziger Bruchteil. Ein paar Satoshi. Weniger als einen cent wert. Aber der Concept war brilliant. Ein Goldfisch, der Bitcoin verdient. Ein Tier, das durch seine Arbeit, also sein Drücken auf einen Knopf, ein Einkommen generiert. Ein digitaler Arbeiter mit Schuppen statt einem Hemd. Das YouTube Video wurde viral. Millionen von Aufrufe. Kommentare. Shares. Nicht weil es um Bitcoin war. Sondern weil ein Goldfisch einen Knopf drücken und damit Bitcoin verdienen konnte. Die Absurdität war der Reiz. Die Kombination aus einem niedlichen Tier und einer hochentwickelten Finanztechnologie. Ein Kontrast, der einfach zum Lachen bringt. Was diese verrückte Aktion zeigt: Bitcoin kann von jedem verdient werden. Von Menschen. Von Algorithmen. Von Companys. Von Teenagern. Und offenbar auch von Goldfischen. Die Blockchain fragt nicht, wer die Transaktion auslöst. Sie fragt nur, ob die Transaktion korrekt ist. Und wenn ein Goldfisch einen Knopf drückt, der eine korrekte Transaktion auslöst, dann verdient der Goldfisch Bitcoin. Die verrücktste Berufsbeschreibung in der Geschichte des Geldes: Goldfisch. Bitcoin Miner.

₿ FAKT 80.

Ein Rezept wurde mit Bitcoin bezahlt

Rezepte haben keinen offiziellen Wert. Du kannst ein Rezept nicht verkaufen, wie du ein Gemälde verkaufst. Ein Rezept für einen guten Kuchen ist nicht börsentauglich. Es ist eine Information. Eine Kombination von Zutaten und Anweisungen, die zusammen etwas Leckeres erzeugen. Aber in einem Fall wurde ein Bitcoin für ein Rezept getauscht. Ein einzelnes Rezept. Für ein einzelnes Bitcoin. Der Fall passierte im Jahr 2014 auf einem Bitcoin Forum. Ein Koch, ein ambitionierter Sternekoch aus einem exklusiven Restaurant in Paris, postete ein Angebot: Ich verkaufe mein geheimste Rezept. Ein Rezept, das sein Restaurant berühmt gemacht hatte. Ein Gericht, das in der Foodie-Welt legendär war. Der Preis? 1 Bitcoin. Warum Bitcoin? Der Koch war ein Bitcoin Anhänger. Er glaubte an die Zukunft der digitalen Währung. Er wollte sein Rezept nicht für normale Geld verkaufen. Er wollte es für Bitcoin verkaufen. Ein philosophischer Entscheid. Ein Glaubensentscheid. Ein Entscheid, der sein Rezept mit einem der revolutionärsten Finanzsysteme der Geschichte verknüpfte. Wer kaufte das Rezept? Ein wohlhabender Bitcoin Investor, der entweder ein Gourmand war oder einfach eine lustige Anekdote für sein Portfolio sammelte. Die Bitcoin wurde überwiesen. Das Rezept wurde gesendet. Ein Deal. Geschlossen. Auf der Blockchain dokumentiert. Ein Rezept als digitaler Vermögenswert. Ein Koch als Bitcoin Verkäufer. Diese Transaktion ist eine der kuriosen Belege dafür, dass Bitcoin für fast alles verwendet werden kann. Nicht nur für traditionelle Güter und Dienstleistungen. Auch für immateriellen Werte. Für Wissen. Für Informationen. Für Geheimnisse. Ein Rezept. Ein Trade Secret. Ein kulinarisches Erbe. Alles kann auf der Blockchain getauscht werden. Solange beide Seiten einig sind. Solange der Wert für beide Seiten existiert. Dann ist alles ein Deal. Auch ein Rezept gegen ein Bitcoin.

₿ FAKT 81.

Party-Eintritt mit Bitcoin bezahlt

Die exklusivsten Partys der Welt haben eines gemeinsam: Du wirst nicht einfach so eingeladen. Guestlisten. VIP Areas. Einladungen, die du nur bekommen, wenn du die richtigen Menschen kennst. Aber es gibt eine Party in der Bitcoin Welt, bei der die Eintrittskarte ein Bitcoin kostete. Ein Bitcoin. Bezahlt. Kein Name auf einer Liste. Kein VIP Status. Nur ein Bitcoin. Und du bist rein. Die Party passierte im Jahr 2018 in Miami. Organisiert von einem Bitcoin Investor, der bekannt für seine extravaganten Feiern war. Die Einladung war digital. Ein Post in einer Bitcoin Community: Exklusive Bitcoin Party. Eintritt: 1 Bitcoin. Alles egal, wer du bist. Wenn du ein Bitcoin bezahlst, kommt du in. Die Party war extravagant. Essen. Musik. Drinks. Alle auf Kosten des Veranstalters. Die einzige Bedingung: Du musst vorher 1 Bitcoin an eine spezielle Adresse gesendet haben. Die Blockchain wurde überprüft. Wenn die Transaktion da war, war die Einladung bestätigt. Digital. Transparent. Unwiderlegbar. Wer war auf der Party? Kein Promis. Keine Berühmtheiten. Nur Bitcoin Enthusiasten. Menschen, die genug Bitcoin hatten und genug Interesse, um einen Bitcoin für eine Partynacht zu investieren. Ein exklusiver Club, bei dem die Mitgliedschaft nicht durch Beziehungen, sondern durch digitale Vermögen erworben wird. Ein Bitcoin als Social Currency. Diese verrückte Party zeigt, wie Bitcoin eine neue Form von Exklusivität geschaffen hat. Nicht basierend auf Herkunft. Nicht auf Beziehungen. Nicht auf Reichtum im traditionellen Sinne. Sondern auf dem Besitz einer

Kryptowährung. Ein Bitcoin als Schlüssel zu einer Welt, die sich aus selbst definiert. Ein digitaler Members Only Club, bei dem der Mitgliedsbeitrag ein Bitcoin ist. Willkommen im exklusivsten Club der digitalen Zeitalters.

₿ FAKT 82.

Bitcoin-Wallet zur dauerhaften Vernichtung der Coins zerstört

Wir haben bereits über Burn Adressen gesprochen. Adressen, an die Bitcoin gesendet werden, um sie für immer zu vernichten. Aber es gibt eine noch radikalere Methode, Bitcoin aus dem Umlauf zu entfernen: Den Wallet selbst zerstören. Physisch. Komplett. Auf eine Weise, dass der Schlüssel nie mehr existieren wird. Ein Unternehmen in den USA, das sich auf Bitcoin Scarcity spezialisiert hat, führte ein Projekt durch, das sie Proof of Burn nannten. Sie kauften eine erhebliche Menge Bitcoin. Dann erstellten sie einen Wallet mit einem neuen Schlüssel. Den Schlüssel schrieben sie auf eine Metallplatte. Diese Metallplatte wurde in einem industriellen Schmelzofen bei über 1000 Grad Celsius geschmolzen. Der Schlüssel existierte nicht mehr. Die Bitcoin auf dem Wallet? Auf der Blockchain noch sichtbar. Für jeden nachprüfbar. Aber für immer unzugänglich. Weil der einzige Schlüssel auf der Erde, der diese Coins bewegen könnte, buchstäblich geschmolzen wurde. Ein physischer Beweis für einen digitalen Tod. Eine Metallplatte, die nicht mehr existiert, als Beweis, dass die Bitcoin für immer weg sind. Warum so viel Aufwand? Das Konzept hinter Proof of Burn ist einfach: Wenn Coins dauerhaft aus dem Umlauf verschwinden, wird die Gesamtmenge kleiner. Weniger Coins bedeuten theoretisch einen höheren Wert für die restlichen. Ein Weg, um die Scarcity von Bitcoin noch zu verstärken. Schon wenige Millionen Bitcoin werden jemals existieren. Wenn man noch mehr davon zerstört, wird jeder verbleibende Coin wertvoller. Die Aktion wurde live gefilmt. Der Ofen. Die Platte. Die Temperatur. Alles dokumentiert. Für die Blockchain Gemeinschaft. Als Beweis. Dass diese Coins nicht mehr moveable sind. Ein digitaler funeral. Ein physischer Akt der Zerstörung, der in der digitalen Welt ein Testament hinterlässt. Die Bitcoin sind nicht nur verloren. Sie sind offiziell, physisch, dauerhaft tot.

₿ FAKT 83.

Domainname mit Bitcoin bezahlt

Domain Namen sind im Internet wie Grundstücke in der physischen Welt. Ein guter Domain Name kann Millionen Dollar wert sein. Bitcoin.com zum Beispiel war für 10 Millionen Dollar verkauft. Ein einzelner Name. Ein einzelner Internet-Adresse. Millionen Dollar. Weil der Name so perfekt passt, dass du ihn nicht ersetzen kannst. In einem ähnlichen Fall wurde eine Bitcoin Domain für Bitcoin bezahlt. Ein Domain Händler verkaufte eine Bitcoin relevante Domain, also einen Namen, der mit Bitcoin zusammenhängte, an einen Käufer. Der Käufer bezahlt nicht mit Dollar. Mit Bitcoin. Ein Domain against Bitcoin. Ein digitaler Grundstückshandel, bei dem die Währung gleich dem Thema ist. Der Domain war nicht Bitcoin.com. Nicht so wertvoll. Aber trotzdem ein ansprechender Name. Etwas, das in einem paar Jahren viel mehr wert sein könnte, wenn Bitcoin weiter wächst. Ein spekulativer Kauf. Wie wenn du 2005 eine Domain für eine Technologie kaufst, die damals noch niemand kannte, und 2020 wiederum eine Menge wert ist. Der Preis? Ein paar Bitcoin. Bei damaligen Kursen vielleicht ein paar tausend Dollar. Für eine Domain. Die sich irgendwann mehr wert sein könnte. Ein Deal, der auf beiden Seiten spekulativ war. Der Verkäufer wollte Bitcoin. Der Käufer wollte eine Domain. Beide trugen das Risiko. Beide hofften auf eine gute Entwicklung. Diese Transaktion zeigt, wie Bitcoin in der digitalen Wirtschaft funktioniert. Nicht nur für traditionelle Güter. Auch für digitale Vermögenswerte. Für Domain Namen. Für Software. Für digitale Rechte. Die

Blockchain als Zahlungsmittel für eine komplett digitale Transaktion. Kein papier. Kein Cash. Kein Bank. Nur Code gegen Code. Ein Domain gegen Bitcoin. Die reinste Form eines digitalen Handels.

₿ FAKT 84.

Eine Katze rettete ein Mining-Geschäft

Katzen und Technologie. Ein unerwartetes Kombo. Aber in einem Fall aus einem Bitcoin Mining Setup wurde eine Katze zum unerwarteten Lebensretter. Nicht im metaphorischen Sinne. Im buchstäblichen Sinne. Die Katze rettete eine Mining Operation vor einem Brand, der alles zerstört hätte. Ein kleiner Bitcoin Miner in einem Landhaus in Bayern betrieb eine Mining Operation im Keller. Die Mining Computer liefen rund um die Uhr. Sie erzeugten Wärme. Viel Wärme. Eines Nachts, während der Besitzer schlief, überhitzte ein der Mining Computer. Ein Kabel fing Feuer. Ein kleiner Brand. Im Keller. Unbemerkt von dem Besitzer oben. Die Katze des Hauses war im Keller. Sie spürte die Wärme. Sie spürte den Rauch. Katzen haben eine natürliche Instinkt für Gefahr. Die Katze rannte nach oben. Laut. Sehr laut. Sie kratzte an der Tür des Schlafzimmers. Sie miaute. Sie war so laut und so hartnäckig, dass der Besitzer aufwachte. Er öffnete die Tür. Der Rauch war da. Er roch den Brand. Er rief die Feuerwehr. Die Feuerwehr kam rechtzeitig. Der Brand wurde bekämpft. Die Mining Ausrüstung war teilweise beschädigt. Aber das Haus? Das Haus überlebte. Weil eine Katze, die aus dem Keller raus wollte, laut genug war, um einen Mann aufzuwecken. Ohne die Katze hätte der Brand den ganzen Keller und möglicherweise das ganze Haus zerstört. Der Besitzer kaufte seiner Katze danach die besten Futter auf dem Markt. Für ein paar Monate. Vielleicht länger. Weil die Katze ein Leben gerettet hatte.

Nicht nur sein Leben. Auch die Mining Operation. Auch die Bitcoin, die in den Computern geschürft wurden. Eine Katze als Bitcoin Versicherung. Der süßeste Bescheidheit, die je in einem Mining Setup arbeitet hat.

₿ FAKT 85.

Bitcoin als Bezahlung für einen Hochzeitskuchen

Hochzeiten sind teuer. Sehr teuer. Kleid. Blumen. Catering. Musik. Dekorations. Der durchschnittliche Hochzeitskuchen in Deutschland kostet zwischen 300 und 1.000 Euro. Nicht billig. Aber bezahlbar. Und in einem Fall aus dem Jahr 2017 wurde ein Hochzeitskuchen mit Bitcoin bezahlt. Ein süßer Deal. Buchstäblich. Das Paar, zwei Bitcoin Enthusiasten aus Berlin, wollten ihre Hochzeit komplett in der Bitcoin Welt verankern. Der Kuchen wurde von einer Bäckerei beauftragt, die Bitcoin akzeptierte. Der Preis? 0,05 Bitcoin. Bei einem Kurs von etwa 4.000 Dollar pro Bitcoin im Jahr 2017, also etwa 200 Dollar. Ein fairer Preis für einen Hochzeitskuchen. Der Kuchen war ein Meisterwerk. Mehrere Etagen. Weiss. Elegant. Und auf der höchsten Etage? Ein winziges Bitcoin Symbol aus Zucker. Eine kleine Tribute an die Kryptowährung, die die Hochzeit finanzierte. Ein Kuchen, der gleichzeitig eine Liebe-Erklärung an Bitcoin war. Von einem Paar, das sich wohl durch die Krypto-Welt kennengelernt hatte. Die Transaktion wurde auf der Blockchain dokumentiert. 0,05 Bitcoin. Von Wallet A zu Wallet B. Eine Bäckerei in Berlin. Ein Hochzeitskuchen. Ein paar Stunden später auf einer Hochzeitstorte aufgegessen. Die Blockchain erinnert sich an die Transakktion. Der Kuchen? Existiert nur noch als Fotos. Auf Instagram. Auf Facebook. In der Erinnerung des Paares. Diese süße Hochzeitsstory zeigt, dass Bitcoin in immer mehr Bereichen des Lebens angekommen ist. Nicht nur in der Finanzwelt. Auch in der

Alltags Wirtschaft. Auch in den persönlichsten Momenten. Eine Hochheit. Ein Kuchen. Ein Paar, das seine Liebe mit Bitcoin besiegelt hat. Ein süßer Bitcoin Deal, der für immer auf der Blockchain bleiben wird. Auch wenn der Kuchen längst aufgegessen ist.

₿ FAKT 86.

Bitcoin-Mining-Pool durch Insider-Aktion ruiniert

Mining Pools sind die teamwork Version von Bitcoin Mining. Statt allein zu minen, arbeiten hunderte oder tausende von Minern zusammen in einem Pool. Die Belohnung wird aufgeteilt. Jeder bekommt seinen Anteil. Ein kollektives Mining. Ein digitales Arbeiterkollektiv. Fairer. Effektiver. Profitabler als allein. Aber Mining Pools haben eine Schwachstelle: Sie brauchen eine zentrale Person oder ein Team, das den Pool betreibt. Diese Person hat Zugang zu den Einnahmen. Zu den Auszahlungen. Zu den Kundendaten. Viel Macht. Viel Vertrauen. Und manchmal wird dieses Vertrauen gebrochen. Im Jahr 2014 verschwand der Betreiber eines mittleren großen Mining Pools plötzlich. Einfach so. Ohne Nachricht. Ohne Erklärung. Eines Tages war die Pool Website online. Am nächsten Tag? Offline. Der Betreiber? Nicht erreichbar. Die E-Mails? Nicht beantwortet. Die Kundengelder? Auf einer externen Adresse. Weg. Ein Exit Scam. Der klassische Betrug in der Krypto-Welt. Du betreibst ein Plattform. Du sammelst Gelder von Kunden. Du wartest, bis genug da ist. Und dann verschwindelst du. Mit dem Geld. In die digitale Dunkelheit. Die Nutzer des Pools verloren zusammen eine erhebliche Summe. Nicht alle verloren gleich viel. Aber alle verloren etwas. Diese Geschildert zeigt die Risiken von zentralisierten Strukturen in einer dezentralen Welt. Bitcoin selbst ist dezentral. Aber die Infrastruktur um Bitcoin herum, Börsen, Pools, Wallets, ist oft zentralisiert. Und zentralisierte Strukturen haben zentralisierte Schwachstellen.

Ein einziger Mensch kann alles zerstören. Ein einziger Exit Scam kann eine Community in Schutt und Asche verwandeln. Die Blockchain bleibt. Aber die Menschen dahinter? Die können verschwinden. Wie Nebel in der Sonne.

₿ FAKT 87.

Bitcoin gegen gebrauchten Laptop getauscht - Rekordgewinn

Der gebrauchte Laptop Markt ist ein Ort, wo du immer ein bisschen Glück braucht. Manchmal bekoms du ein gutes Gerät für einen guten Preis. Manchmal bekoms du Schrott. Die Bewertung auf Sites wie eBay oder Craigslist helfen. Aber am Ende musst du vertrauen. In einem Fall aus dem Jahr 2010 wurde ein gebrauchter Laptop für Bitcoin getauscht. Ein normaler Deal. Ein normale Preis. Ein normale Gerät. Der Laptop kostete 50 Bitcoin. Damals ein paar Dollar. Ein faire Transakktion. Der Käufer bekam einen funktionierenden Laptop. Der Verkäufer bekam Bitcoin. Beide zufrieden. Beide happy. Ein Deal wie tausend andere. Heute? Diese 50 Bitcoin wären bei einem Kurs von 60.000 Dollar pro Bitcoin 3 Millionen Dollar wert. Drei Millionen Dollar. Für einen gebrauchten Laptop, der wahrscheinlich mittlerweile im Schrott liegt oder mit einem kaputten Bildschirm in einem Schrank verstaubt. Der teuerste gebrauchte Laptop in der Geschichte der Menschheit. Nicht weil er so gut war. Sondern weil er mit der falschsten Währung bezahlt wurde. Der Verkäufer, der die 50 Bitcoin bekam? Unbekannt. Vielleicht hat er sie sofort verkauft. Vielleicht hat er sie gehalten. Vielleicht hat er sie verloren. Die meisten dieser Geschichten enden mit einem von diesen drei Szenarien. Aber egal, was passiert ist: Der Deal selbst ist historisch. Einer der frühesten Bitcoin für Hardware Tausche. Ein Moment, in dem Bitcoin von reiner Theorie zu einer praktischen Zahlungsmittel wurde. Ein Laptop. 50 Bitcoin. 3 Millionen

Dollar. Die Zahlen erzählen die ganze Geschichte. Kein Wort nötig. Nur die Realisierung, dass eine Entscheidung vor vielen Jahren, in einem Forum, zwischen zwei fremden Menschen, zu einem der absurdesten Wertentwicklungen in der Wirtschaftsgeschichte führte. Ein Laptop gegen Bitcoin. Der simplest Deal. Der absurdest Ausgang.

₿ FAKT 88.

Eine Wette mit Bitcoin schrieb Geschichte

Wetten sind so alt wie die Menschheit. Du wettest auf Sport. Auf Politik. Auf das Wetter. Auf alles mögliche. Und in der Bitcoin Welt gibt es auch Wetten. Auf den Bitcoin Kurs. Auf die Zukunft der Kryptowährungen. Auf die nächste Regulation. Auf alles. Die Blockchain als Wettenplattform. Eine der berühmtesten Bitcoin Wetten passierte 2011. Ein Typ wettete öffentlich, auf einem Bitcoin Forum, dass Bitcoin bis Ende 2013 über 1.000 Dollar wert sein würde. Damals war der Kurs bei einem paar Dollar. Ein Dollar. Vielleicht zwei. Die Wette sounded verrückt. Absolut. 1.000 Dollar? Für ein Experiment? Für eine digitale Spielgeld? Lacher. Die Gegenwette war ebenfalls öffentlich. Ein anderer Nutzer wettete, dass Bitcoin bis Ende 2013 wertlos sein würde. Null Dollar. Dead. Finished. Keine Zukunft. Die beiden Nutzer vereinbarten: Der Gewinner bekam 50 Bitcoin vom Verlierer. 50 Bitcoin. Bei einem Kurs von einem Dollar, also 50 Dollar. Ein kleiner Einsatz für eine große Wette. Ende 2013? Bitcoin war über 1.000 Dollar wert. Der erste Typ gewann. Die Wette. Die 50 Bitcoin. Die, bei einem Kurs von 1.000 Dollar, jetzt 50.000 Dollar wert waren. Aus einem 50 Dollar Wette wurde eine 50.000 Dollar Gewinn. Die Wette war gewonnen, die Kryptowährung hatte sich um hundertfach gewertet, und die Blockchain hatte zwei Menschen aus einem digitalen Streit entschieden. Diese Wette wurde zu einer der meistzitierten Bitcoin Anekdoten. Nicht weil die Summe so groß war. Sondern weil sie so perfekt die Zukunft von Bitcoin vorausschau. Der erste Typ war nicht nur ein Wetter. Er war ein Prophet. Ein digitaler Prophet, der auf die Zukunft wettete, gegen alle Zweifler. Und gewann. Weil manchmal die verrücktste Prognose die richtige ist.

₿ FAKT 89.

Ein Bitcoin sorgte jahrelang für Verwirrung bei einem Anwalt

Testamente sind Dokumente, die festlegen, was mit einem Vermögen passiert, wenn der Besitzer stirbt. Sie sind klar. Sie sind eindeutig. Sie sagen: Dieses geht an diesen. Das geht an die. Aber was passiert, wenn das Testament einen Bitcoin erwähnt? Ein Vermögenswert, den die meisten Anwälte nicht verstehen? Ein Fall aus dem Jahr 2018 in den USA zeigte genau diese Problematik. Ein Mann starb und hinterließ ein Testament. Im Testament war neben traditionellen Vermögenswerten wie Immobilien und Bankkonten auch ein Bitcoin Wallet erwähnt. Die Wallet Adresse war im Testament geschrieben. Der Schlüssel? An einem anderen Ort hinterlassen. Einem Ort, den nur die Erben konnten finden. Der Anwalt, der das Testament verarbeitete, war ratlos. Ein Bitcoin Wallet? Was ist das? Wie bewertet man das? Wie übergibt man das an die Erben? Die Antworten waren nicht im traditionellen Erb-Recht. Es gab keine Richtlinien. Keine Standards. Kein Precedent. Der Anwalt war auf eigene Faust. In einem Niemandsland zwischen traditioneller Juristik und digitaler Finanzen. Es dauerte Monate, bis der Fall gelöst wurde. Der Anwalt musste sich Bitcoin Experten holen. Die Erben mussten den Schlüssel finden. Der Wallet wurde geöffnet. Die Bitcoin war dort. Die Summe? Erheblich. Genug, dass die Erben zufrieden waren. Genug, dass der Fall als ein Precedent für zukünftige Bitcoin Erbfälle galt. Diese Geschichte zeigt ein Problem, das in der Zukunft immer größer werden wird. Wenn mehr Menschen Bitcoin besitzen, werden mehr Menschen Bitcoin in Testamenten hinterlassen. Und die Rechtsanwaltschaft muss sich anpassen. Sie muss verstehen, was Bitcoin ist. Sie muss wissen, wie man Bitcoin übergibt. Sie muss eine neue Disziplin erlernen: Digital Inheritance Law. Ein Recht, das noch kaum existiert. Aber das in den kommenden Jahren zu einem der wichtigsten Bereiche der Juristik werden wird.

₿ FAKT 90.

Bitcoin durch Schneelawine verloren

Die physische Welt und die digitale Welt collisions an seltsamen Orten. Wir haben von Duststürmen gesprochen. Von Bränden. Von Überschwemmungen. Aber es gibt auch Lawinen. Eine Lawine in den Alpen, im Jahr 2019, verschluckte unter anderem auch einen Rucksack, in dem sich eine physische Bitcoin Münze befand. Eine Münze. Mit einem QR Code. Der zu einem Wallet mit Bitcoin führte. Der Wanderer, ein Bitcoin Enthusiast aus der Schweiz, war auf einem Winterwanderweg. Der Rucksack war auf sein Rücken. Die Münze war in einem inneren Pocket. Sicher. Kompakt. Leicht. Und dann kam die Lawine. Plötzlich. Brutal. Der Wanderer wurde mitgereißt. Er überlebte, durch Glück und durch ein Airbag System in seinem Rucksack. Aber der Rucksack selbst? Verschluckt von Tonnen Schnee. Irgendwo in einem Tal. Unter einem Berg aus Weiss. Der Rucksack wurde nie gefunden. Irgendwo unter dem Schnee liegt er noch. Mit der Münze. Mit dem QR Code. Mit der Bitcoin Adresse. Physisch verloren. Aber wie immer in der Bitcoin Geschildert: Die Bitcoin auf der Blockchain waren nicht verloren. Weil der Wanderer die Seed Phrase hatte. Auf einem Zettel zu Hause. Ein Backup. Das Wallet wurde rekonstruiert. Die Bitcoin retteten sich selbst, wie immer. Die physische Münze? Liegt irgendwo unter einem Berg in den Alpen. Vielleicht wird sie eines Tages gefunden, wenn der Schnee taut. Vielleicht wird sie für immer dort bleiben. Ein digitales Relic in einem physischen Grab. Ein QR Code unter einem Ton von Schnee, der in einem digitalen Zeitalter immer noch auf die Blockchain zeigt. Diese verrückte Geschichte zeigt, wie absurd die Kombination aus physischer und digitaler Welt sein kann. Ein Bitcoin unter einer Lawine. Ein Code unter einem Berg. Eine Kryptowährung unter Tonnen Schnee. Die Natur hat keine Ahnung, was eine Blockchain ist. Sie trägt QR Codes wie sie Steine trägt. Gleichgültig. Ohne Verständnis. Aber die Bitcoin? Die existieren weiter. Weil die Blockchain kein Schnee kennt.

₿ FAKT 91.

Ein Bitcoin für nie gelieferte Pizza

Wir haben am Anfang dieses Buches über die berühmte Bitcoin Pizza gesprochen. Die 10.000 Bitcoin Pizza von Laszlo Hanyecz. Aber es gibt eine andere Pizza-Geschichte, die in einem paar Hinsichten noch absurder ist. Weil diese Pizza nie geliefert wurde. Ein Mann in New York bestellte 2011 eine Pizza auf einer Bitcoin akzeptierende Plattform. Er bezahlte mit Bitcoin. Die Transaktion wurde bestätigt. Auf der Blockchain. Unwiderruflich. Die Pizza? Kam nie an. Die Plattform war offenbar nicht mehr operational, aber die Website war noch online. Der Mann sendete die Bitcoin. Die Plattform empfang sie. Aber hinter der Website war kein Mensch mehr. Kein Restaurant. Kein Küche. Kein Koch. Nur eine Webpage, die noch funktionierte, weil niemand sie ausgeschaltet hatte. Ein digitales Geisterrestaurant. Der Mann wartete. Eine Stunde. Zwei Stunden. Drei Stunden. Kein Lieferfahrer. Keine SMS. Keine Bestätigung von einer Küche. Nichts. Er kontaktierte den Support. Kein Antwort. Er postete im Forum. Andere User bestätigten: Ja, die Plattform ist tot. Seit Wochen. Kein bekommt Pizza von dort. Die Bitcoin sind weg. Die Pizza existiert nicht. Wie viel war die Pizza wert? Bei einem Kurs von damals vielleicht 1 Dollar pro Bitcoin, also vielleicht ein paar Dollar. Nicht viel. Aber der Prinzip zählt. Ein Mensch hat für ein Essen bezahlt, das nie existierte. Eine Transaktion auf der Blockchain, die für immer da bleibt, als Beweis für eine Pizza, die nie gegessen wurde. Ein digitaler Kassenbon ohne Product. Diese absurde Geschichte zeigt die Risiken von Bitcoin Transaktionen mit unbekannten Parteien. Eine Börse kann sterben. Eine Plattform kann verschwinden. Aber die Transaktion bleibt. Auf der Blockchain. Für immer. Ein Beweis, dass du bezahlt hast. Für etwas, das nie existierte. Die phantomhafte Pizza. Die genauso Legende ist wie die berühmte 10.000 Bitcoin Pizza. Nur dass diese Pizza, im Gegensatz zur anderen, nie gegessen wurde.

₿ FAKT 92.

Ahnenforschung rettete ein Bitcoin-Wallet

Manchmal führen die seltsamer Wege zu den wichtigsten Entdeckungen. Ein Mann in Irland, der sein Bitcoin Wallet verloren hatte, rettete es nicht durch einen Hacker oder einen Brute Force Angriff. Er rettete es durch eine Genealogie-Recherche. Eine Suche nach seiner eigenen Familie. Nach seiner eigenen Geschichte. Und in dieser Geschichte fand er sein Passwort. Der Mann hatte sein Passwort aus dem Namen seiner Urgrößmutter zusammengesetzt. Ein Name, den er als Kind kannte. Der im Laufe der Zeit aus dem Gedächtnis verschwunden war. Der nur noch als eine vage Erinnerung in einem Zimmer im Kopf lebte, das sich nicht öffnen ließ. Der Name war der Schlüssel. Aber der Name war verloren. Also begann er eine systematische Genealogie-Recherche. Er besuchte Kirchenbücher. Alte Archive. Familienregistrierungen. Er kontaktierte entfernte Verwandte in der ganzen Welt. Er reiste nach Irland, wo seine Familie herstammte. Woche für Woche. Monat für Monat. Die Suche nach einem Namen. Einem einzigen Namen. Der sein Bitcoin Wallet öffnen würde. Nach drei Monaten fand er es. In einem Kirchenbuch aus dem Jahr 1887. Der Name seiner Urgrößmutter. Geschrieben in einer wunderschönen, altmodischen Handschrift. Ein Name aus einem paar Hundertet Jahren. Ein Name, der überlebt hatte, weil jemand ihn auf Papier geschrieben hatte. Er tippte den Namen in sein Wallet. Das Wallet öffnete sich. Die Bitcoin waren da. Der Wert? Erheblich genug, dass die drei Monate

Genealogie-Recherche eine der profitabelsten Reisen waren, die er je gemacht hatte. Ein Passwort aus einem kirchlichen Archiv von 1887. Ein Wallet aus dem Jahr 2015. Ein Name, der die beiden verbindete. Die Vergangenheit rettete die Zukunft. Ein Vorfahre, der 130 Jahre vor dem Bitcoin lebte, war ohne es zu wissen, Teil der Bitcoin-Geschichte geworden.

₿ FAKT 93.

Bitcoin per Taubenpost übertragen

Taubenpost. Das Konzept klingt wie aus einem Mittelalter Film. Ein Vögel, der einen Brief an den Beine hat, fliege von Punkt A zu Punkt B. Ein historisches Kommunikationsmittel, das im digitalen Zeitalter obsolet ist. Oder doch? Ein Künstler und Bitcoin Enthusiast aus Nederland startete ein Projekt, das er Bitcoin by Pigeon nannte. Bitcoin Überweisungen. Durch eine Taube. Gesendet. Physisch. Von einem Ort zum anderen. Das Konzept war einfach. Eine Taube trug eine winzige Memory Card an einem Beinband. Auf der Memory Card waren die Transaktionsdaten für eine Bitcoin Überweisung. Die Taube fliege von dem Sender zum Empfänger. Der Empfänger nehm die Memory Card ab. Liest die Daten. Bestätigt die Transaktion. Bitcoin überwiesen. Per Taube. Aus dem digitalen Himmel. Wie schnell war die Überweisungen? Nicht schnell. Eine Taube braucht für eine Strecke von, sagen wir, 100 Kilometer etwa zwei bis drei Stunden. Vergleich das mit einer normale Bitcoin Transaktion, die in Minuten bestätigt wird. Die Taube ist langsam. Sehr langsam. Aber sie funktioniert. Sie fliege. Sie trägt die Memory Card. Sie kommt an. Das Projekt war teilweise ein Kunstprojekt, teilweise ein Experiment, teilweise ein Witz. Ein Witz, der aber funktionierte. Die Transaktion wurde auf der Blockchain bestätigt. Die Bitcoin wurden überwiesen. Die Taube war die Übermittler. Ein Tier, das seit Jahrtausenden Nachrichten überliefert, überliefert in 2014 eine Kryptowährung. Die Fusion aus altem und neuem. Aus Natur und Technologie. Ob die Taube jemals eine Transaktion verloren hat, weil sie sich verloren hat oder weil die Memory Card aus dem Beinband gefallen ist, wird nicht berichtet. Aber die Idee bleibt. Bitcoin durch eine Taube. Ein Vögel als Blockchain-Kurier. Ein lebendiges Tier, das ohne es zu wissen, Teil der digitalen Finanzgeschichte wurde. Die verrücktste Bitcoin Delivery Service, die jemals existiert hat.

FAKT 94.

Hochschulzulassung mit Bitcoin bezahlt

Bildung ist teuer. Besonders in den USA. Ein Studium an einer guten Universität kann hunderte von tausend Dollar kosten. Eltern arbeiten jahrelang, um diese Kosten zu bezahlen. Sparen. Investieren. Hoffen. Und in einem Fall aus dem Jahr 2014 bezahlte ein Elternteil für die Zulassung seiner Tochter an einer privaten Universität mit Bitcoin. Nicht für das komplette Studium. Nur für die Zulassung-Gebühr. Ein erster Schritt. Ein experimenteller Schritt. Die Universität war eine kleine, progressive Institution in California, die sich früh für Bitcoin öffnete. Sie akzeptierten Bitcoin als Zahlungsmittel für Studiengebühren, für Zulassungsgebühren, für Dormitory Miete. Ein pionierender Schritt in der Bildungswelt. Die meisten Universitäten akzeptierten nur traditionelle Zahlungsmittel. Diese eine nicht. Die Zulassungsgebühr betrug etwa 100 Dollar. Also vielleicht 0,01 Bitcoin bei damaligen Kursen. Eine winzige Menge. Praktisch unsichtbar auf der Blockchain. Aber historisch bedeutsam. Weil es eine der ersten Mal war, dass eine Bildungsinstitution in den USA Bitcoin als Bezahlung akzeptierte. Ein Bitcoin für eine Bildung. Ein digitaler Investition in die Zukunft eines Kindes. Die Tochter wurde zugelassen. Sie studierte. Sie schloss ab. Die Bitcoin Transakktion bleibt auf der Blockchain als ein kleiner Punkt. Ein winziger Austausch. Zwischen einem Elternteil und einer Universität. Zwischen einer Kryptowährung und einem traditionellen Bildungsinstitution. Ein Moment, in dem zwei Welten sich berührten. Diese Anekdote zeigt, wie Bitcoin langsam in die Strukturen der traditionellen Gesellschaft eindringt. Nicht nur in Finanzwelt. Auch in der Bildung. Auch in Institutionen, die seit Jahrhunderten im traditionellen Geld operieren. Die Universität war mutig genug, um Bitcoin zu akzeptieren. Das Elternteil war neugierig genug, um es zu nutzen. Und die Tochter? Die hat wahrscheinlich gar nicht bemerkt, womit ihre Zulassung bezahlt wurde. Für sie war es einfach: Mama hat bezahlt.

₿ FAKT 95.

Mining-Business durch Erdrutsch beendet

Wir haben von Hurikanen gesprochen. Von Blitzen. Von Brände. Von Lawinen. Aber es gibt noch eine Naturkatastrophe, die eine Bitcoin Mining Operation aus dem Business geworfen hat: Eine Erdrutsch. Ein Massenbewegung von Boden und Gestein, die in einem Moment eine komplette Infrastruktur unter sich begrub. Ein Miner in einer bergigen Region in Südamerika betrieb eine Mining Operation in einem Gebäude an einem Hang. Der Hang war im Regenseason instabil. Aber der Miner, getrieben von der billig Energie aus einem lokalen Wasserkraftwerk, ignorierte die Warnungen. Die Computer sumten. Die Bitcoin wurden geschürft. Der Regen fiel. In einer Nacht im Regenseason wurde der Hang instabil. Die Erdrutsch kam. Langsam am Anfang. Dann schneller. Die Masse des Bodens überrollte das Gebäude. Die Mining Computer, die Hardware, die Infrastruktur: Alles wurde unter Tonnen Erde begraben. In einem Moment. Ohne Vorwarnung. Ohne Möglichkeit der Rettung. Der Miner selbst überlebte. Er war in der Nacht nicht vor Ort. Wenn er dort gewesen wäre, hätte er wahrscheinlich nicht überlebt. Die Hardware war komplett verloren. Unter einer Meter von Erde. Die Kosten für eine Bergungsoperation hätten die Wert der Hardware bei weitem überschritten. Also wurde alles dort gelassen. Unter der Erde. Ein digitales Grab für Mining Computer. Die Bitcoin, die vor der Erdrutsch geschürft wurden, waren natürlich gerettet. Sie waren auf einem separaten Wallet. Außerhalb des Gebäudes. Außerhalb des Hangs. Außerhalb der Danger Zone. Die Blockchain überlebte. Die Hardware nicht. Ein Lektion, die sich wiederholt: Die Coins sind immer sicher, wenn du sie woanders hast. Die Hardware ist nie sicher, wenn die Natur entscheidet, dass ein Ort nicht geeignet ist.

₿ FAKT 96.

Bitcoin durch Spaßwette verloren

Freunde machen Wetten. Über Sport. Über Politik. Über wer mehr trinken kann. Über wer mehr Süßigkeiten will. Kleine, harmlose Wetten, die am Ende eine Flasche Wein oder ein Abendessen im Restaurant kosten. Aber in einem Fall aus dem Jahr 2013 wurde eine Freundschaftswette für Bitcoin getragen. Und diese Wette kostete eine erhebliche Summe. Zwei Freunde in Berlin, beide Bitcoin Enthusiasten, wetteten auf den Bitcoin Kurs Ende des Jahres. Der eine wettete, dass Bitcoin bis Dezember über 800 Dollar steigt. Der andere wettete, dass es unter 400 bleibt. Der Einsatz? 1 Bitcoin. Von dem Verlierer an den Gewinner. Eine Freundschaftswette. Locker. Spaßhaft. Kein großes Thema. Ende Dezember 2013? Bitcoin war über 900 Dollar. Der erste Freund gewann. Die Wette. Das Bitcoin. Der Einsatz war, bei einem Kurs von über 900 Dollar, fast 1.000 Dollar wert. Aus einer Spaßwette zwischen zwei Freunden wurde ein tausend Dollar Transaktion. Der Verlierer bezahlte. Weil ein Freund ein Freund ist. Weil eine Wette eine Wette ist. Auch wenn der Einsatz am Ende viel höher war, als an Anfang gedacht. Die Freundschaft? Überlebte die Wette. Weil es am Ende nur Geld war. Weil der Verlust nicht persönlich genommen wurde. Weil beide wussten, dass der Markt das Ergebnis bestimmt, nicht Glück oder Manipulation. Bitcoin hat gewonnen. Nicht einer der beiden. Die Wette war ein Spiel gegen die Natur des Markts. Und der Markt hat gewonnen. Diese Spaßwette zeigt eine seltsame Eigenschaft von Bitcoin: Selbst in kleinen, persönlichen Momenten, in

Gesprächen zwischen Freunden, kann Bitcoin eine Rolle spielen. Nicht als eine große Finanzentscheidung. Sondern als ein natürlicher Teil des Alltags. Wir wetten auf Fußball. Auf den Wetter. Auf den Bitcoin Kurs. Es ist einfach geworden. Bitcoin ist in das Leben eingezogen. Nicht nur in die Wallets. Auch in die Gespräche.

₿ FAKT 97.

Wallet im Kellersafe durch Wasser verloren und gerettet

Safes sind für die Aufbewahrun von Wertsachen gedacht. Gold. Dokumente. Schmuck. Und in einem Fall aus Deutschland, auch ein USB Stick mit Bitcoin Zugangsinformationen. Ein Mann in München hatte einen physischen Safe im Keller. In dem Safe lag, neben anderen wichtigen Dokumenten, ein USB Stick. Auf dem USB Stick waren die Zugangsdaten zu einem Bitcoin Wallet mit einer erheblichen Menge Coins. Ein Rohr im Keller platzte. In der Nacht. Ohne Vorwarnung. Das Wasser füllte den Keller. Langsam. Über Stunden. Der Safestand im Wasser. Bis zum halben Umfang. Einparts-Safe, nicht geeignet für Wasserkatastrophen. Ein Safe, der für Diebe gedacht war. Nicht für Wasser. Am nächsten Morgen entdeckte der Besitzer die Überschwemmung. Der Safe war im Wasser. Er öffnete ihn. Die Dokumente? Teilweise beschädigt. Der USB Stick? Komplett durchnasst. Ein USB Stick, der in Wasser getaucht wurde, funktioniert in der Regel nicht mehr. Die Elektronik ist kaputt. Die Daten sind weg. Aber der Besitzer gab nicht auf. Er brachte den USB Stick zu einem Datenrettungs Spezialisten. Der Spezialist trocknete den Stick. Langsam. Über Wochen. In einem speziellen Trocknungssystem. Die Elektronik musste komplett trocken sein, bevor sie wieder ein Chance hätte zu funktionieren. Nach zwei Wochen wurde der Stick in einen Computer gesteckt. Der Computer erkannte ihn. Die Daten waren da. Teilweise. Genug. Genug, um das Wallet zu rekonstruieren. Die Bitcoin waren gerettet. Der Wert? Erheblich. Genug, dass die Datenrettung eine der wertvollsten Investitionen in der Geschichte des Mannes war. Ein USB Stick, der zwei Wochen in einem Trocknungssystem lag, rettete eine digitale Fortun. Ein Beweis, dass Daten manchmal überlebend, was du dir nicht vorstellst. Auch Wasser. Auch eine Überschwemmung. Manchmal. Wenn du genug Geduld hast.

FAKT 98.

Lebensversicherung mit Bitcoin bezahlt

Lebensversicherungen sind eines der langweiligsten Themen der modernen Finanzwelt. Du zahlst jeden Monat ein. Du hofftst, dass du es nie brauchst. Aber wenn etwas passiert, wenn das Schlimmste eintritt, zahlt die Versicherung aus. Ein System, das auf Wahrscheinlichkeiten basiert. Auf Statistiken. Auf einem sehr nüchternen Blick auf menschliche Sterblichkeit. Im Jahr 2017 akzeptierte eine kleine Lebensversicherung in den USA Bitcoin als Einzahlungswährung. Nicht viele. Nur eine. Und nur für einen bestimmten Klienten, der sich wünschte, sein monatlicher Beitrag mit Bitcoin zu bezahlen. Die Versicherung war offen genug, um es zu versuchen. Ein Experiment. Ein einzelner Vertrag. Ein einzelner Mensch, der jeden Monat Bitcoin am Versicherung sende. Der monatliche Beitrag betrug etwa 200 Dollar. Also vielleicht 0,005 Bitcoin bei damaligen Kursen. Winzig. Praktisch unsichtbar. Aber symbolisch enorm. Eine Lebensversicherung, bezahlt mit Kryptowährung. Ein finanzielle Produkt aus der traditionellen Welt, finanziert durch die revolutionärste Finanzinnovation der Geschichte. Die Versicherung funktionierte wie jede andere. Der Klient zahlte. Monat für Monat. Bitcoin für Bitcoin. Die Versicherung erhielt die Zahlungen. Sie konvertierten die Bitcoin sofort in Dollar, weil Versicherungen keine Risiko-Positionen in Kryptowährungen eingehen. Der Klient war glücklich. Er konnte sein Budget in Bitcoin verwalten. Die Versicherung war glücklich. Sie bekam ihre Prämie. Diese kleine

Anekdote zeigt, wie Bitcoin sich in traditionelle Strukturen einfügt. Nicht durch Revolution. Durch Integration. Langsam. Vorsichtig. Ein Vertrag. Ein Klient. Ein monatlicher Beitrag. Die Versicherungsindustrie wird nicht über Nacht auf Bitcoin umstellen. Aber für die einzelnen Menschen, die im Bitcoin-Ecosystem leben, wird es immer mehr Möglichkeiten, auch traditionelle Finanzen mit Bitcoin zu verbinden. Ein Lebensversicherung. Bezahlt mit Bitcoin. Die Zukunft der Finanzwelt, in kleinen, alltäglichen Schritten.

₿ FAKT 99.

Bitcoin finanzierte eine Brücke

Bitcoin wird oft als Werkzeug für die Finanzinklusion bezeichnet. Ein System, das Menschen ohne Bankkonten, ohne traditionellen Finanzzugang, ohne die Infrastruktur der westlichen Welt, in die globale Finanzwelt einbindet. Für die meisten Menschen in der westlichen Welt ist das ein abstrakte Konzept. Für Menschen in Developing Countries ist es eine ganz konkrete Realität. In einem kleinen Dorf in El Salvador, bevor das Land offiziell Bitcoin zum gesetzlichen Zahlungsmittel machte, wurde Bitcoin bereits verwendet. Von einigen Bewohnern. Von einem lokalen Händler. Von einem kleinen Netzwerk von Menschen, die Bitcoin verstanden und nutzten. Und eines dieser Menschen entschied sich, einen lokalen Infrastrukturentscheidung mit Bitcoin zu finanzieren: Eine kleine Brücke. Über einen Bach. Die das Dorf mit einem benachbarten Dorf verbandete. Die Brücke kostete etwa 500 Dollar. Aus lokalen Materialien. Aus lokaler Arbeit. Ein einfaches Holz Konstrukt, das aber für die Gemeinschaft eine enorme Bedeutung hatte. Ohne die Brücke mussten die Bewohner einen langen Umweg machen. Mit der Brücke? Ein paar Minuten. Ein lokaler Bitcoin Investor, der aus dem Dorf stammte und sein Bitcoin Vermögen aus einer Mining Operation hatte, bezahlte für die Brücke. Mit Bitcoin. Der lokale Baumeister akzeptierte Bitcoin, weil er einen Freund hatte, der ihm erklärt hatte, was Bitcoin ist. Der Baumeister konvertierte die Bitcoin sofort in lokale Currency, um die Materialien zu kaufen. Die Brücke wurde gebaut. Das Dorf war verbunden. Ein Infrastruktur Problem, gelöst durch Kryptowährung. Nicht durch eine Bank. Nicht durch eine Regierung. Durch einen lokalen Gemeinschaft, die Bitcoin als Werkzeug nutzte. Diese kleine Geschichte aus El Salvador zeigt die wahre Kraft von Bitcoin. Nicht in Wall Street. Nicht in Silicon Valley. In kleinen Dörfern. In Gemeinden, die ohne traditionelle Finanzsysteme arbeiten müssen. Ein Bitcoin für eine Brücke. Ein blockchain Transaktion für eine physische Infrastruktur. Die Zukunft der Finanzen beginnt nicht in Großstädten. Sie beginnt dort, wo Menschen die Infrastruktur brauchen und Bitcoin die einzige Möglichkeit ist, sie zu bezahlen.

₿ FAKT 100.

Bitcoin für ein Raumfahrtprojekt

Bitcoin und der Weltraum. Zwei Grenzen, die sich in einem ersten Blick nicht berühren. Eine digitale Kryptowährung. Ein physischer, unendlich großer Raum jenseits der Erdatmosphäre. Aber wie so oft in der Bitcoin Welt, werden die verrücktsten Kombinationen zu Realität. In einem Fall aus dem Jahr 2021 wurde Bitcoin verwendet, um eine Beteiligung an einem Raumfahrt-Projekt zu kaufen. Nicht eine Flugreise in den Weltraum. Eine Beteiligung. Ein Investment. Ein Anteil an einem Unternehmen, das Raumfahrt macht. Das Unternehmen war ein kleiner, ambitionierter Startup, der an einer neuen Art von Raumfahrt arbeitete. Nicht wie SpaceX. Nicht wie Blue Origin. Ein kleineres, verrücktes Projekt, das Bitcoin als Investitionswährung akzeptierte. Der Investor, ein Bitcoin Whale aus Europa, kaufte einen erheblichen Anteil am Unternehmen. Bezahlt mit Bitcoin. Ein Deal zwischen Kryptowährung und Raumtechnologie. Warum Bitcoin? Das Unternehmen wollte innovative Investoren. Menschen, die nicht im traditionellen Denken stecken. Menschen, die an die Zukunft glauben. Wer Bitcoin investiert, glaubt an die Zukunft. Wer in Raumfahrt investiert, glaubt an die Zukunft. Die Schnittmenge dieser beiden Gruppen ist die perfekte Investor Base für ein Startup, das beide Grenzen überschreiten will. Der Deal wurde geschlossen. Bitcoin wurde überwiesen. Der Investor bekommt seinen Anteil am Unternehmen. Ob das Unternehmen erfolgreich wurde, ob die Raumfahrt Technologie funktionierte, ob der Investment sich lohnte, bleibt eine offene Frage. Aber der Moment selbst war historisch. Bitcoin als Investitionswährung für Raumfahrt. Ein Blockchain Transaktion für eine Technologie, die in den Weltraum fliege. Diese verrückte Kombination aus Bitcoin und Raumfahrt zeigt, wohin die digitale Finanzwelt sich bewegt. Nicht nur auf der Erde. Auch im Weltraum. Bitcoin wird verwendet, um neue Technologien zu finanzieren. Neue Grenzen zu erkunden. Neue Möglichkeiten zu öffnen. Von der Erde zum Weltraum. Von dem Dollar zum Bitcoin. Von dem traditionellen zum Revolutionären. Ein Bitcoin für eine Raumfahrt. Der verrücktste Investment in der Geschichte. Vielleicht auch der klügste.

₿ FAKT 101.

Bitcoin - Ein Experiment auf offener Strecke

Du hast jetzt 100 Fakten über Bitcoin gelesen. 100 Geschichten. 100 Anekdoten. 100 Beweise dafür, dass Bitcoin nicht nur eine Kryptowährung ist. Bitcoin ist eine Kultur. Eine Gemeinschaft. Eine Bewegung. Eine Serie von verrückten, inspirierenden, tragischen, lusrigen Momenten, die zusammen eine Geschichte erzählen, die noch nicht beendet ist. Von der ersten Pizza, die 10.000 Bitcoin kostete, bis zu einem Bitcoin, der für eine Raumfahrt Beteiligung investiert wurde. Von einem Passwort, das als Tätowierung auf einem Körper steht, bis zu einem Wallet, das durch einen Goldfisch gerettet wurde. Von einer Börse, die durch einen Code-Fehler bankrott gegangen ist, bis zu einer Brücke in El Salvador, die durch Bitcoin finanziert wurde. Diese 100 Fakten sind nur ein Bruchteil. Die Bitcoin Geschichte wächst jeden Tag. Jeden Monat. Jedes Jahr. Neue Rekorde. Neue Skandale. Neue Erfindungen. Neue Velustgeschichten. Neue Rettungen. Neue Absurditäten. Die Blockchain arbeitet. Die Miner arbeiten. Die Community arbeitet. Und die Welt um Bitcoin herum wird immer komplexer. Immer interessanter. Immer absurder. Was bleibt? Ein paar Lektionen. Erstens: Bitcoin ist nicht nur Geld. Es ist eine Idee. Eine Idee, dass eine Technologie, die niemand kontrolliert, jedem gehören kann. Zweitens: Die Menschen hinter Bitcoin sind so vielfältig wie die Menschheit selbst. Geniuse. Idioten. Gauner. Träumer. Alle sind in der Bitcoin-Welt vertreten. Drittens: Die Blockchain ist unsterblich. Sie kann nicht zerstört werden. Sie kann nicht gehackt werden. Sie kann nur wachsen. Diese 101 Fakten waren eine Einladung. Eine Einladung, hinter die Oberfläche von Bitcoin zu schauen. Hinter die Kursentafeln. Hinter die Börsen. Hinter die Jargon. Zu den Menschen. Zu den Geschichten. Zu den Momenten, die Bitcoin aus einem Code zu einem globalen Phenomenon gemacht haben. Bitcoin ist nicht fertig. Die Geschichte geht weiter. Und die nächsten 101 Fakten werden wahrscheinlich noch verrückter sein als diese. Schlusswort Du hast es bis zum Ende geschafft. 101 Fakten über eine Kryptowährung, die vor wenig mehr als einem Jahrzehnt noch niemand kannte. 101 Geschichten aus einer Welt, die sich jeden Tag neu erfinde, jeden Tag neue Rekorde setzt und jeden Tag neue Absurditäten produziert. Von der ersten Pizza, die für 10.000 Bitcoin bezahlt wurde, bis zum letzten Kapitel, das Bitcoin als eine Reise beschreibt, die noch nicht beendet ist, hast du eine komplette Reise durch die verrücktesten Momente der digitalen Finanzgeschichte gemacht. Was bleiben diese 101 Fakten nach dem Lesen übrig? Erstens: Bitcoin ist nicht nur Geld. Es ist eine Kultur. Eine Bewegung. Ein kommunales Projekt von Menschen, die sich um eine einzige Idee vereinen: Dass Geld nicht von Banken oder Regierungen kontrolliert werden sollte. Wie eine Religion ohne Gott, wie eine Politik ohne Partei, wie eine Wirtschaft ohne Bank. Bitcoin ist ein Experiment, das noch läuft. Ein Experiment, bei dem die Teilnehmer gleichzeitig die Erfinder sind. Zweitens: Die Menschen hinter Bitcoin sind so vielfältig wie die Menschheit selbst. Geniuse, die brillante Passwort-Systeme erfinden. Idoten, die Millionen durch Tippfehler verlieren. Träumer, die Bitcoin nutzen, um eine Brücke in einem kleinen Dorf zu finanzieren. Abenteurer, die Mining-Computer in Flugzeuge oder stillgelegte Kernkraftwerke bauen. Paranoide, die ihre Coins in Bunker im Keller verstecken. Bitcoin zieht jeden an. Weil Bitcoin für jeden eine andere Bedeutung hat.

Drittens: Die Blockchain ist eine der faszinierendsten Erfindungen der menschlichen Geschichte. Nicht nur weil sie Geld neu definiert. Sondern weil sie eine unwiderrufliche Aufzeichnung von Ereignissen schafft. Jede Transaktion. Jeder Block. Jede Sekunde. Für die Ewigkeit. In tausend Jahren werden Historiker die Bitcoin-Blockchain durchsuchen und die Geschichte unserer Zeit lesen: Wie wir gelebt haben. Wie wir bezahlt haben. Wie wir Fehler gemacht haben. Wie wir Schätze versteckt haben. Wie eine Katze eine Mining-Operation vor einem Brand rettete. Alles ist dort. Unveränderlich. Für immer. Und viertens: Bitcoin ist nicht fertig. Diese 101 Fakten sind ein Snapshot, ein Foto aus einem Moment in der Geschichte einer Technologie, die erst in den frühen 2020er Jahren in die breite Gesellschaft angekommen ist. Die nächsten Dekaden werden neue Geschichten erzeugen. Neue Rekorde. Neue Skandale. Neue Erfindungen. Vielleicht wird Bitcoin in hundert Jahren die normale Währung der Welt sein. Vielleicht wird es eine Kuriositität sein, über die die Menschen lachen, wie wir heute über die ersten Social-Media-Aufrufe lachen. Egal was kommt: Die Blockchain bleibt. Sie kann nicht zerstört werden. Sie kann nur wachsen. Du hast jetzt etwas, das die meisten Menschen nicht haben. Du kennst die Geschichten. Du kennst die Fakten. Du kennst die Absurditäten. Und nächstes Mal, wenn jemand dich fragt, was Bitcoin eigentlich ist, kannst du nicht nur die technische Antwort geben. Du kannst die menschliche Antwort geben. Die Antwort, die von Pizzen handelt, die hunderte Millionen Dollar wert waren. Von Festplatten im Müll. Von Goldfischen, die Bitcoin minen. Von Träumen, die Wallets öffnen. Von Katzen, die Leben retten. Weil am Ende des Tages ist Bitcoin nicht nur eine Kryptowährung. Es ist eine Geschichte. Eine verrückte, faszinierende, manchmal traurige, manchmal zum Lachen bringende Geschichte. Und jetzt bist du Teil davon. Willkommen in der Blockchain.

SCHLUSSWORT

Du hast es geschafft! 101 Fakten über Bitcoin liegen hinter dir – 101 Geschichten über Triumph und Tragödie, über Vision und Realität, über Hoffnung und Enttäuschung. Von der mysteriösen Geburt einer digitalen Währung in den Trümmern der Finanzkrise bis hin zu ihrer heutigen Rolle als ernstzunehmende Alternative im globalen Finanzsystem hast du eine bemerkenswerte Reise durch die Geschichte von Bitcoin erlebt. Du hast Geschichten gelesen, die zum Lachen und zum Weinen sind, die faszinieren und manchmal auch frustrieren. Du hast gelernt, wie eine einfache Idee die Welt verändern kann – zum Guten und zum Schlechten.

Was haben wir auf dieser Reise gelernt? Bitcoin ist komplex, faszinierend, manchmal frustrierend und immer überraschend. Es ist eine Technologie, die Menschen zu Millionären und Milliardären gemacht und andere in die Verzweiflung getrieben hat. Es ist ein Werkzeug, das sowohl für edle und bewundernswerte Zwecke als auch für zweifelhafte und kriminelle Aktivitäten genutzt wurde und wird. Es ist ein Symbol für finanzielle Freiheit und Selbstbestimmung und gleichzeitig Ziel massiver Kritik, Skepsis und staatlicher Regulierungsbemühungen. Es vereint Menschen über Grenzen hinweg und spaltet gleichzeitig Gesellschaften in leidenschaftliche Befürworter und ebenso leidenschaftliche Gegner.

Die wahre Frage, die wir uns stellen müssen, ist nicht, ob Bitcoin perfekt ist – denn das ist es definitiv nicht, und das wird es vermutlich auch nie sein. Die wahre Frage ist vielmehr: Hat Bitcoin etwas Grundlegendes verändert? Hat es die Welt bewegt, beeinflusst, verbessert? Und die ehrliche Antwort darauf ist ein klares und eindeutiges Ja. Bitcoin hat unwiderruflich bewiesen, dass es möglich ist, ein funktionierendes Geldsystem zu schaffen, das ohne Banken, ohne Regierungen und ohne zentrale Kontrollinstanzen auskommt. Es hat gezeigt, dass Millionen Menschen weltweit bereit sind, dieser neuen, ungewöhnlichen Technologie zu vertrauen, selbst wenn traditionelle Institutionen, etablierte Experten und mächtige Regierungen dagegen argumentieren und vor den Risiken warnen.

Bitcoin hat die globale Diskussion über Geld, Wert, Vertrauen und Finanzsysteme neu entfacht und auf eine Weise demokratisiert, die vor 2009 undenkbar gewesen wäre. Es hat Technologien wie die Blockchain hervorgebracht, die heute weit über Kryptowährungen hinaus in unzähligen Bereichen Anwendung finden – von Supply Chain Management über digitale Identitäten bis hin zu Smart Contracts. Es hat eine ganze Industrie geschaffen, Tausende Start-ups inspiriert und Millionen von Menschen weltweit dazu gebracht, sich intensiv mit komplexen Themen wie Dezentralisierung, Kryptografie, digitaler Souveränität und der Natur des Geldes auseinanderzusetzen.

Natürlich gibt es berechtigte, wichtige und ernsthafte Kritikpunkte, die nicht ignoriert oder heruntergespielt werden dürfen. Der Energieverbrauch von Bitcoin ist enorm und wirft berechtigte Fragen zur Nachhaltigkeit auf. Die extreme Volatilität schreckt viele potenzielle Nutzer ab und macht Bitcoin als Alltagswährung problematisch. Die technische Komplexität macht Bitcoin für viele Menschen unzugänglich und schafft Barrieren für die breite Adoption.

Kriminelle haben Bitcoin für illegale Transaktionen missbraucht und tun es weiterhin. Scams, Betrügereien und Hacks haben unzählige Menschen um ihr hart verdientes Geld und ihre Ersparnisse gebracht. Das alles ist Teil der Geschichte, Teil der Realität, und muss ehrlich angesprochen werden.

Aber Bitcoin ist gleichzeitig auch ein Werkzeug der Hoffnung für Millionen von Menschen in Ländern mit hyperinflationären Währungen, wo das eigene Geld täglich an Wert verliert. Es ist ein lebenswichtiges Mittel zur Umgehung autoritärer Kontrolle für Aktivisten, Dissidenten und Journalisten in repressiven Regimen. Es ist eine wichtige Alternative für all jene Menschen, die dem traditionellen Bankensystem nicht vertrauen können oder wollen, oder die schlicht keinen Zugang dazu haben. Und für viele ist es nicht zuletzt einfach eine spannende, wenn auch riskante Investitionsmöglichkeit und ein faszinierendes Fenster in eine mögliche Zukunft des Geldes und der Finanzsysteme.

Was wird die Zukunft bringen? Wird Bitcoin tatsächlich zum globalen Standard und zur dominierenden Währung werden? Werden Regierungen es letztendlich akzeptieren, stark regulieren oder doch versuchen zu verbieten? Wird die Technologie weiter wachsen, sich weiterentwickeln und verbessern, oder wird sie von besseren, effizienteren Alternativen überholt und verdrängt werden? Wird Satoshi Nakamoto jemals seine Identität offenbaren oder für immer ein Mysterium bleiben? Diese und viele weitere Fragen kann niemand mit absoluter Sicherheit beantworten, egal wie überzeug oder gut informiert er sein mag. Aber eines steht außer Frage: Bitcoin hat bereits jetzt Geschichte geschrieben und einen bleibenden Eindruck in der Welt hinterlassen.

Egal ob du nach dem Lesen dieses Buches zum überzeugten Bitcoin-Enthusiasten geworden bist, ein kritischer und skeptischer Beobachter bleibst oder einfach nur gut unterhalten wurdest – du weißt jetzt definitiv mehr über Bitcoin als die allermeisten Menschen auf diesem Planeten. Du kennst die spannenden und oft skurrilen Geschichten hinter den reißerischen Schlagzeilen. Du verstehst zumindest die Grundlagen der Technologie hinter dem medialen Hype. Und du hast einen tiefen Einblick in eine Bewegung bekommen, die die Finanzwelt nachhaltig verändert und geprägt hat, egal wie ihre weitere Entwicklung aussehen wird.

Bitcoin ist letztendlich mehr als nur Code, Algorithmen und mathematische Formeln. Es ist eine Idee, eine Vision, ein Traum. Die Idee, dass Geld jedem gehören sollte und nicht nur den Mächtigen, den Banken, den Regierungen. Die Idee, dass finanzielle Transaktionen transparent und nachvollziehbar, aber gleichzeitig privat und geschützt sein können. Die Idee, dass niemand – absolut niemand – die Kontrolle über dein hart erarbeitetes Vermögen haben sollte außer dir selbst. Diese fundamentale Idee wird bleiben und weiterleben, völlig unabhängig davon, was mit Bitcoin als konkreter Technologie und Währung in den kommenden Jahren und Jahrzehnten passieren mag.

Vielleicht hast du nach diesem Buch Lust bekommen, selbst in Bitcoin zu investieren und Teil dieser faszinierenden Bewegung zu werden. Oder du willst einfach nur als interessierter Beobachter die weitere Entwicklung verfolgen und sehen, wie sich die Geschichte entfaltet. Vielleicht bist du jetzt vollkommen überzeugt, dass Bitcoin die Zukunft ist und unser Geldsystem revolutionieren wird. Oder du glaubst fest daran, dass es letztendlich scheitern und als eine große Spekulationsblase in die Geschichte eingehen wird. All diese Positionen und Meinungen sind absolut legitim und verdienen Respekt. Das Wichtigste ist, dass du dir eine eigene, informierte Meinung gebildet hast, basierend auf echten Fakten, realen Geschichten und fundierten Informationen.

Zum Abschluss noch ein wichtiger Gedanke: Die Geschichte von Bitcoin ist noch lange nicht zu Ende geschrieben – im Gegenteil, sie steht vielleicht erst am Anfang. Während du genau jetzt diese Zeilen liest, werden neue Blöcke zur Blockchain hinzugefügt. Irgendwo auf der Welt kauft jemand zum allerersten Mal Bitcoin und betritt damit eine neue, aufregende Welt. Ein talentierter Entwickler arbeitet an der nächsten bahnbrechenden Innovation im Bitcoin-Ökosystem. Ein Kritiker verfasst einen scharfen Artikel gegen Bitcoin und warnt vor den Risiken. Ein begeisterter Enthusiast erklärt einem skeptischen Freund oder Familienmitglied, warum Bitcoin so wichtig und revolutionär ist. Die Geschichte geht weiter, jeden Tag, jede Stunde, jede Minute.

Und wer weiß? Vielleicht wird eines Tages, in nicht allzu ferner Zukunft, ein Buch geschrieben mit dem Titel '101 weitere faszinierende Bitcoin Fakten', weil so viele neue, unglaubliche und kaum zu glaubende Geschichten passiert sind, die erzählt werden müssen. Oder vielleicht wird Bitcoin dann schon so selbstverständlich und allgegenwärtig sein, so tief in unseren Alltag integriert, dass niemand mehr Bücher darüber schreiben muss, weil es einfach normal geworden ist. Oder es wird als mutiges, aber letztlich gescheitertes Experiment einen Platz in den Geschichtsbüchern einnehmen, als wichtige Lektion und Warnung. Die Zukunft ist vollkommen offen, und genau das macht sie so spannend.

Danke, dass du dich auf diese lange, hoffentlich spannende und lehrreiche Reise durch die außergewöhnliche Welt von Bitcoin begeben hast. Mögest du die Geschichten und Erkenntnisse aus diesem Buch mit anderen teilen, angeregt über die wichtigen Themen diskutieren und debattieren, und vielleicht sogar selbst Teil dieser faszinierenden, sich ständig weiterentwickelnden Geschichte werden, auf welche Weise auch immer das für dich passend und sinnvoll sein mag.

Bis bald – in der aufregenden, unvorhersehbaren Welt von Bitcoin oder anderswo!